Wolfgang Giovanni Constance

Imparare il tedesco
Corso facile per principianti

1

© 2018 Wolfgang Giovanni Constance
Casa editrice: BoD- Books on Demand
Norderstedt, Germania
ISBN 9783752803310
Foto di copertina:
Lago dei Quattro Cantoni, Svizzera
Vierwaldstätter See, Schweiz
Foto: Wolfgang Giovanni Constance

Indice

1. *Il controllo doganale*. La pronuncia.   5

2. *Dov'è la stazione ?* Gli articoli.   10

3. *Lo sciopero.* I nomi.   18

4. *Il guasto all'automobile.* Gli aggettivi.   23

5. *Primo incontro.* Verbi regolari.   30

6. *L'abito da sposa.* Verbi irregolari.   37

7. *Il viaggio di nozze.* Pronomi personali.   48

8. *Arrivo all'albergo.* Altri pronomi.   53

9. *Al ristorante.* Spazio e tempo.   62

10. Locuzioni importanti   66

    Verbi irregolari   72

    Vocabolario   75

Primo giorno

Trascrizione fonetica (**TF**) e pronuncia

La sillaba accentuata è sottolineata. Il tedesco distingue i suoni delle vocali corte dei suoni delle vocali lunghe che sono indicate per il raddoppiamento della vocale.

Pronuncia delle vocali

lettera	TF	come la parola italiana	tedesco	TF	traduzione
a (corta)	**a**	come in albergo			
a (lunga: aa,ah)	**aa**		Saal	s**aa**l	sala
			Mahl	m**aa**l	pranzo
e	**e**		Garten	<u>gar</u>-ten	giardino
e (aperta)	**è**	come in senza	der	d**èè**r	il, lo
e (chiusa)	**é**	come in forse	Tee	t**éé**	tè
e (lunga:ee,eh)	**ee**		Meer	m**ee**r	mare
			sehr	s**ee**r	molto
i (corta)	**i**	come in birra	bitte	bit**é**	per favore
i (lunga:ie,ih)	**ii**	come in isola	Brief	br**ii**f	lettera
			Ihr	**ii**r	il Suo
o (corta)	**o**	come in lotta	Omnibus	**o**mnibus	autobus
o (lunga:oo,oh)	**oo**	come in zoo	Zoo	ts**oo**	zoo
			Sohn	s**oo**n	figlio
u (corta)	**u**	come in ufficio	Mutter	m**u**ter	madre
u (longa: uh)	**uu**	come in fiume	Uhr	**uur**	orologio

5

Pronuncia dell' 'Umlaut'

La dieresi sopra le vocali si chiama **Umlaut** (<u>um</u>-laut).

ä	è	come in	Männer	<u>mè</u>-ner	uomini
(corta)	caffè				
ä	èè	come in	Fähre	fèère	traghetto
(lunga:äh)	ieri				
ö	ö	tra la o e la u	öffnen	öfnen	aprire
(corta)					
ö	öö	come knödel	Möhre	mööre	carota
(lunga:öh)					
ü	ü	tra la i e la u	Rücken	rüken	schiena
(corta)	come u del francese				
ü	üü		fühlen	füülen	sentire
(lunga:üh)					

Pronuncia delle diphtonghe

Le diphtonghe sono le combinazioni di due vocali nella stessa sillaba.

ai,	ai	come ai in	Mai	mai	maggio
ei		italiano	Ei	ai	uovo
au	au	come italiano	Maut	maut	pedaggio
äu,	oi	come oi in	Fräulein	froilain	signorina
eu		italiano	Feuer	foier	fuoco

Pronuncia delle consonanti

c	ts	come la 'z'	Celsius	tsèlsius	Celsius
(prima di		della parola	circa	tsirka	circa
e, i)		'ragazzo			
	k		Café	kaféé	caffè
ch	ch	come la 'J' del	Buch	buuch	libro
		nome spagnolo			
		'Juan'			
	k	prima di 's'	Lachs	laks	salmone
ck	k		Dreck	drèk	sporcizia
g	g		Garantie	garan-<u>tii</u>	garanzia

6

	gh	come	geben	**gh**èèben	dare
		'ghiaccio'	Ginster	**gh**inster	ginestra
	gk	alla fine della parola	fertig	fèrti**gk**	pronto
gl	**gkl**		Glück	**gkl**ük	fortuna
gn	**gkn**		Gnade	**gkn**aade	grazia
h	**h'**	prima di una vocale: aspirata	Herr	**h'**èrr	signore
		dopo di una vocale: muta	fahren	faaren	andare
j	**i**	come la i	Juni	**i**uuni	giugno
qu	**kv**	come kv	Quelle	**kv**èlé	sorgente
ß	**ss**	come sasso	Straße	strasse	strada
sch	**sh**	come sce e sci in italiano	Scherz	**sh**èrts	scherzo
			Schiff	**sh**if	nave
sp	**shp**		Spiel	**shp**iil	gioco
st	**sht**	all'inizio della parola	Stuhl	**sht**uul	sedia
	st	in mezzo e alla fine della parola	Rast	ra**st**	sosta
tsch	**tsh**	come 'ciao'	deutsch	doi**tsh**	tedesco
tio	**tsio**		Station	sta**tsio**n	stazione
v	**f**	come f	Vater	**f**aatèr	padre
	v	come v	Vanille	**v**anile	vaniglia
w	**v**	come v	Wein	**v**ain	vino
z	**ts**	come ts dura	zahlen	**ts**aalen	pagare

<u>Regole</u>

Le parole si pronunciano come si scrivono e si scrivono come si pronunciano.

Una vocale è lunga quando lei è raddoppiata: Meer (méér) mare, quando lei è seguita di una 'h': Stuhl (stuul) / sedia, quando lei è seguita di una sola consonante: Tag (taag) / giorno. Una vocale è corta quando lei è seguita di due consonanti o più: Bett (bét) / letto.

La pronuncia dell'alfabeto

A a B béé C tséé D déé E éé F èf G ghéé H h'aa I ii J iot K kaa L èl M ém N én O oo P péé Q kuu R èr S ès T téé U uu V fau W véé X iks Y üp-silon Z tsèd

F Parole 'gemelli monovulari'
Gemelli monovulari: parole che sono scritte nello stesso modo e che hanno lo stesso significato in italiano e tedesco.

das Auto (au-too), die Bar (baar), beige (béésh),der Bikini (bi-kii-nii), der Bus (bus), das Dessert (dé-sèr), der Film (film), das Foto (fo-too), die Garage (ga-raa-shé), das Motel (mo-tèl), die Panne (pa-né), das Radio (raa-dioo),das Rendezvous, der Sport (shport), das Taxi (ta-xi), das Tennis (té-nis), die Toilette, der Tunnel (tu-nel)

F Parole 'gemelli biovulari'
Gemelli biovulari: parole che sono scritte nel modo simile in italiano e tedesco e che hanno lo stesso significato.

alcol	der Alkohol (al-koh'ool)
annullare	annullieren (anu-lii-ren)
aperitivo	der Aperitif
balcone	der Balkon (bal-koon)

Abbreviazioni

E	esempio
R	regola
m	maschile
f	femminile
n	neutro
Sg	singolare
Pl	plurale
F	parte facoltativa

Leggere il testo seguente ad alta voce, per favore. C'è molto importante: leggere, parlare e ascoltare il testo nello stesso tempo.

8

Il controllo doganale / Die Zollkontrolle

Luogo: L'aeroporto a Monaco
Una turista T / doganiere D

D Buon giorno. Guten Tag (guu-ten taag). Il passaporto
   per favore. Den Pass bitte (déén pas bi-te). Il
   passaporto è scaduto. Der Pass ist abgelaufen (dèèr pas
   ist ab-ghé-laufen).

T Eccola carta d`identità. Hier ist der Personalausweis
   (h'iir ist dèèr pèrso-naal-ausvais). *Ho viaggiato* molto
   tempo per tutta l`Italia. *Ich bin* lange Zeit durch ganz
   Italien *gereist* (ich bin lan-ghe tsait durch gants i-ta-lien
   ghé-raist). C`è qualcosa di nuovo in Germania? Gibt es
   etwas Neues in Deutschland (ghibt és ét-vas noi-es in
   doitsh-land)?

D *Non* so *niente* di nuovo. Ich weiß *nichts* Neues (ich
   vais nichts noi-es). Ha qualcosa da dichiarare. Haben
   Sie etwas zu verzollen (h'aa-ben sii ét-vas tsu fèr-tso-
   len)?

T *Non* ho *niente* da dichiarare. Ich habe *nichts* zuverzollen
   (ich h'aa-be nichts tsu fèr-tso-len).

D *Apra* questa valigia! *Öffnen Sie* diesen Koffer (öf-nen
   sii dii-sen ko-fèr)! Ora so qualcosa di nuovo per Lei.
   Jetzt weiß ich etwas Neues für Sie (iétst vais ich ét-vas
   noi-es füür sii). Deve *pagare* il dazio per questo. Sie
   müssen für das hier Zoll *bezahlen* (sii mü-sen füür daas
   h'iir tsol bé-tsaa-len).

T Ma questo è un regalo. Aber das ist ein Geschenk
   (aa-bèr daas ist ain ghé-shénk).

D Per chi? Für wen (füür wéén)?

T Per Lei. Für Sie (füür sii).

D *La* ringrazio. Ich danke *Ihnen* (ich dan-ke ii-nen).

T Di niente. Keine Ursache. (kai-ne uur-sache).

**Vi prego di imparare le parole sottolineate nel
vocabolario da abitare a birra.**

9

Secondo giorno

L'articolo determinativo

E Il tedesco e l'italiana amano la patria.
Der Deutsche und **die** Italienerin lieben **das** Heimatland.

Pl **Die** Deutschen und **die** Italienerinnen lieben **die** Heimatländer.

R In tedesco esistono tre articoli determinativi:
L'articolo maschile: **der** (dèèr) **R 1**
L'articolo femminile: **die** (dii)
L'articolo neutro: **das** (daas)
L'articolo determinativo al plurale: **die** (dii).
Vedi tabella 15, capitolo 10 (stampa in neretto).
Il genere e il numero dell'articolo dipendono dal nome.

L'articolo indeterminativo

E Un tedesco e un'italiana hanno un appuntamento.
Ein Deutscher (1) und **eine** Italienerin (2) haben **ein** Rendezvous (3).

Pl Deutsche und Italienerinnen haben Rendezvous.

R Ci sono due articoli indeterminativi:
L'articolo maschile (1) e neutro (3): **ein** (ain)
L'articolo femminile (2): **eine** (<u>ai</u>ne)
Al plurale non esiste l'articolo indeterminativo.

Casi

E Karl regala la rosa a Sofia. Karl schenkt Sofia die Rose.
In tedesco il dativo è seguito dell'accusativo.

R **Nominativo**: Was (vaas) /che cosa? Wer (vèèr) / chi?
(Karl).
Dativo: Wem (véém) / a chi? (a Sofia).
Accusativo: Wen (véén) / chi? Was (vaas) / che cosa?
(la rosa).
Genitivo: wessen (<u>vé</u>-sen) / di chi? Il genitivo esprime il possesso. La persona / cosa che possede è al genitivo.
La rosa della ragazza / die Rose des Mädchens.

La declinazione dell'articolo determinativo

Tabella 1: <u>Declinazione dell'articolo determinativo</u>

	N	A	D	G
m	**der**	den	dem	des
f	**die**	die	der	der
n	**das**	das	dem	des
Pl	**die**	die	den	der

N nominativo   A accusativo   D dativo   G genitivo

<u>Espediente mnemonico</u>:

Il padre saluta il figlio sulla banchina della stazione.
Der Vater begrüßt **den** Sohn (**R 14**) auf **dem** Bahnsteig **des** Bahnhofs. **(R6)**
La donna vede la camicetta nella vetrina della boutique.
Die Frau sieht **die** Bluse (**R 5**) in **der** Vitrine (**R 11**) **der** Boutique.
Il bambino vede il giocattolo nella vetrina del negozio.
Das Kind sieht **das** Spielzeug in **dem** Schaufenster **des** Ladens.
I bambini vedono i giocattoli nelle vetrine dei negozi.
Die Kinder sehen **die** Spielzeuge in **den** (**R29**) Schaufenstern **der** Läden.
Vedi Tabella 15, C 10

F Contrazioni

Si può formare contrazioni come segue:
L'ultima lettera dell'articolo determinativo > l'ultima lettera della contrazione.
an de**m** > a**m** (**R 17**), bei de**m** > bei**m**, in de**m** > i**m** (**R 2**), von de**m** > vo**m** (**R 31**), zu de**m** > zu**m** (**R 3**), zu de**r** > zu**r** (**R 4**), an da**s** > an**s**, auf da**s** > auf**s**, durch da**s** > durch**s**, für da**s** > für**s**, in da**s** > in**s** (**R 16**), um da**s** > um**s**.

11

La declinazione dell'articolo indeterminativo

Tabella 2: <u>Declinazione dell'articolo indeterminativo</u>

	N	A	D	G
m	**<u>ein</u>**	ein(d)**en**	ein(d)**em**	ein(d)**es**
f	**<u>eine</u>**	<u>eine</u>	ein(d)**er** (**R 13**)	ein(d)**er**
n	**<u>ein</u>**	<u>ein</u>	ein(d)**em**	ein(d)**es**

Regola: Si declina l'articolo indeterminativo come segue:
ein + le due ultime lettere dell'articolo determinativo
(**R 32**). Vedi anche tabella 15, C10   (stampa in neretto).
<u>Eccezioni</u>: gli articoli indeterminativi <u>sottolineati</u>.
<u>Espediente mnemonico</u>:
Un uomo pensa: guardando lo specchio, una donna vede
una donna, una ragazza vede una ragazza.
Ein Mann denkt: den Spiegel (**R 6**) betrachtend sieht **eine**
Frau <u>eine</u> Frau. (**R 10**), sieht **ein** Mädchen *ein* Mädchen.

F <u>Parole 'gemelli biovulari'</u>

banana	die Banane
banca	die Bank (bank)
batteria	die Batterie
caffè	der Kaffee (<u>ka</u>-fée), das Café
calendario	der Kalender (ka-<u>lén</u>-dèr)
canale	der Kanal
cappella	die Kapelle (ka-<u>pèl</u>-é)
carota	die Karotte (ka-<u>ro</u>-té)
carta	die Karte (<u>kar</u>-té)
catalogo	der Katalog (kata-<u>loogk</u>)
cattedrale	die Kathedrale (caté-<u>draa</u>-lé)
centro	das Zentrum (<u>tsén</u>-trum)
chilo	das Kilo
consolato	das Konsulat (kon-su-<u>laat</u>)
controllo	die Kontrolle (kon-<u>tro</u>-lé)
costoletta	das Kotelett (kote-<u>lèt</u>)
cravatta	die Krawatte (kra-<u>va</u>-té)
crema	die Creme (<u>krèè</u>-me)
cultura	die Kultur (kul-t<u>uur</u>)

12

I numeri cardinali / die Grundzahlen

0	null (nul)	100	hundert (<u>h'un</u>-dèrt)
1	eins (ains)	101	hunderteins
2	zwei (tsvai)		(<u>h'un</u>-dèrt aïns)
3	drei (drai)	200	zweihundert
4	vier (fiir)		(<u>tsvai</u>-h'un-dèrt)
5	fünf (fünf)	1000	tausend (<u>tau</u>-send)
6	sechs (séks)	1000000	eine Million
7	sieben (<u>sii</u>-ben)		(<u>ai</u>-ne mili-<u>on</u>)

8 acht (acht)
9 neun (noin)
10 zehn (tséén)
11 elf (èlf)
12 zwölf (tsvölf)
13 dreizehn (<u>drai</u>-tséén)
14 vierzehn (<u>fiir</u>-tséén)
15 fünfzehn (<u>fünf</u>-tséén)
16 sechzehn (<u>sèch</u>-tséén)
17 siebzehn (<u>siib</u>-tséén)
18 achtzehn (<u>acht</u>-tséén)
19 neunzehn (<u>noin</u>-tséén)
20 zwanzig (<u>tsvan</u>-tsigk)
21 einundzwanzig (<u>ain</u>-und-<u>tsvan</u>-tsigk)
22 zweiundzwanzig (<u>tsvai</u>-und-<u>tsvan</u>-tsigk)
30 dreißig (<u>drai</u>-ssigk)
40 vierzig (<u>fiir</u>-tsigk)
50 fünfzig (<u>fünf</u>-tsigk)
60 sechzig (<u>sèch</u>-tsigk)
70 siebzig (<u>siib</u>-tsigk)
71 einundsiebzig (<u>ain</u>-und-<u>siib</u>-tsigk)
72 zweiundsiebzig (<u>tsvai</u>-und-<u>siib</u>-tsigk)
80 achtzig (<u>acht</u>-tsigk)
81 einundachtzig (<u>ain</u>-und-<u>acht</u>-tsigk)
90 neunzig (<u>noin</u>-tsigk)

R   Da 13 - 19: il numero + zehn per esempio:
    dreizehn. **Eccezioni**: sechszehn > **sechzehn**,
    siebenzehn > **siebzehn**.
    Da 21 si prende l'unità + und + decina,
    per esempio: zweiundzwanzig.

F <u>Numeri ordinali / Ordnungszahlen</u>

Der, die, das
erste	<u>éérs</u>-te
zwei **te**	<u>tsvai</u>-te
dritte	<u>dri</u>-te
vier **te**	<u>fiir</u>-te
fünf **te**	<u>fünf</u>-te
sechs **te R7**	<u>séks</u>-te
siebte	<u>siib</u>-te
achte	<u>ach</u>-te
neun **te**	<u>noin</u>-te
zehn **te**	<u>tséén</u>-te
zwanzig **ste**	<u>tsvant</u>sigk-ste

R I numeri ordinali dal 2-19 si formano come segue:
il numero cardinale + la desinenza **-te**, dal 20 in poi il
numero cardinale + la desinenza **-ste.**
Eccezioni: der/die /das **erste, dritte, siebte, achte.**

F <u>Frazioni / Bruchzahlen</u>

R Numero ordinale + l > frazione.
E dritte + l > ein Drittel, vierte + l > ein Viertel, sechste + l
> ein Sechstel (**R7**)
Eccezione: ½ ein halb

F <u>La data</u>

R Per la data si usano **i numeri ordinali.**
E Quanti ne abbiamo oggi? Den Wievielten haben wir
    heute (déén vi-<u>fiil</u>-ten <u>h'aa</u>-ben viir <u>h'oi</u>-te)?
    Oggi è il due aprile. Heute   ist der zweite **April** (<u>hoi</u>-te
    ist dèèr <u>tsvai</u>-te a-<u>pril</u>).
R Per precisare la data di un avvenimento si usa la parola
    am (contrazione della preposizione an e dell' articolo
    'der' al dativo: an + dem > am). (**R 18**)
E Sono nato il due aprile. Ich bin **am** zweiten April
    geboren (ich <u>bin</u> am <u>tsvai</u>-ten a-<u>pril</u> gé-<u>boo</u>-ren).
R Per indicare il mese o la stagione si usa la parola **im**

14

(contrazione della prepositione in e l'articolo 'das' al dativo: in + dem > im).

E In giugno / estate. **Im** Juni / Sommer (im <u>iuu</u>-ni <u>so</u>-mer).

Per indicare l'anno si indicano i primi due numeri in numeri cardinali, poi la parola 'hundert' e dopo gli altri due numeri sempre in numeri cardinali. Per esempio 1999: neunzehn-hundert-neunundneunzig. Dall'anno 2000 in poi si dice tutto il numero a quattro cifre come numero cardinale, per esempio:

2016 zweitausendsechzehn.

Ci sono due modi per indicare l'anno:

2000. Zweitausend oppure im Jahr zweitausend.

Per indicare le feste si usa la preposizione **an / zu**. A Pasqua **an / zu** Ostern (an tsu <u>oo</u>- stèrn).

F <u>Che ore sono?</u>

Che ore sono? Wie viel Uhr ist es (vii fiil uur ist és)? Oppure: Wie spät ist es (vii shpèèt ist és)?

È / es ist 4.00 vier Uhr (fiir uur) 4.10 zehn nach vier (tséén nach viir) (1) 4.15 Viertel nach vier (<u>fiir</u>-tel nach fiir) (2) 4.30 halb fünf (h'alb fünf) (3) 4.40 zwanzig vor fünf (<u>tsvan</u>-tsigk foor fünf) (4) 4.45 Viertel vor fünf (<u>fiir</u>-tel foor fünf) 5.00 fünf Uhr (fünf uur).

R 1 Fino alla mezza ora si usa la preposizione *nach* e si conta rispetto a l'ora passata.

2 Un quarto si chiama 'ein Viertel'.

3 Per indicare la mezza ora si conta rispetto alla prossima ora.

4 Al di là della mezza ora si usa *vor* e conta rispetto all'ora seguente.

Per indicare gli orari ufficiali, la regola è la stessa come in italiano. Prima l'ora, dopo i minuti.

4.10 vier Uhr zehn (fiir uur tséén)

R Alla domanda 'a che ora / um wieviel Uhr' oppure 'quando / wann' si risponde per **um** + l'ora. (**R 25**)

E A che ora vieni / um wie viel Uhr kommst du? Vengo alle dieci in punto / ich komme **um** zehn Uhr.

15

Dov`è la stazione / Wo ist der Bahnhof?

Luogo: Monaco
un turista T, una passante   P

T Scusi Signora. Entschuldigung, meine Dame (ént-shul-digungk mai-ne daa-me). Dov`è la stazione? Wo ist **der** Bahnhof (voo ist dèèr baan-h'oof)?

P   Nel centro città. **Im** Stadtzentrum (im shtat-tsén - trum).

T *Ci* posso andare a piedi? Kann ich zu Fuß *dorthin* gehen (kan ich tsu fuus dort-h'iin ghé-h'en)?

P Non è possibile perche è troppo lontano. Das ist nicht möglich, weil es zu weit ist (daas ist nicht möög-lich vail es tsu vait ist). La stazione *dista* 10 km da qui. Der Bahnhof *ist* 10 km von hier *entfernt* (dèèr baan-h'oof ist tséén kilo-méé-tèr fon h'iir ent-fèrnt).

T   Come ci posso andare ? Wie kann ich **dorthin** fahren (vii kan ich dort-h'in faa-ren)?

P Per andare alla fermata deve andare sempre tutto diritto fino al semaforo, poi girare a destra e prendere la seconda strada a destra. Um **zur**Bushaltestelle zu kommen müssen Sie immer geradeaus gehen bis zur Ampel, dann rechts abbiegen und **die** zweite Straße rechts nehmen (um tsuur bus-h'altéshtélle tsu ko-men mü-sen sii i-mer ghéraade-aus ghé-h'en bis tsuur am-pel dan rèchts ab-biighen und dii tsvai-te shtraa-sse rèchts néé-men). Per andare alla stazione di metro deve *traversare* questa piazza, poi andare tutto diritto fino all'incrocio e girare a sinistra. Um zur Metrostation zu kommen müssen Sie diesen Platz *überqueren*, dann geradeaus gehen bis zur Kreuzung und links abbiegen (um tsuur métro-shtatsion tsu ko-men mü-sen sii dii-sen plats üübèr-kvéé-ren dan ghéraade-aus ghé-h'en bis tsuur kroi-tsungk und links ab-biighen).

T   Quale metro va alla stazione? Welche Untergrundbahn fährt zum Bahnhof (vél-che un-tèrgrundbaan fèèrt tsum baanh'oof)?

P Deve *prendere* il metrò U2. Sie müssen die U-Bahn U2

16

nehmen (sii <u>mü</u>-sen dii <u>uu</u>-baan   uu tsvai <u>néé</u>-men).
T Quante fermate ci sono fino alla stazione? Wie viele Haltestellen sind es bis zum Bahnhof (vii <u>fii</u>-le <u>h'</u>al-te-shtélen sind és bis tsum <u>baan</u>-h'oof)?
P Mi dispiace, non lo so. Es tut mir leid; ich weiß es nicht (es tuut miir laid ich vais es nicht).
T Molte grazie, Signora. Vielen Dank, meine Dame (<u>fii</u>-len dank <u>mai</u>-ne <u>daa</u>-me).

Domanda 1 (D1): der che genere? **Risposta 1 (R1):** capitolo 2 (C2)
D2: im che contrazione? **R2:** C2 **D3: zum** che contra zione? **R3:** C2 **D4: zur** che contrazione? **R4:** C2 **D5: die** che caso? **R5** C2

F <u>Parole gemelli biovulari</u>

diretto	direkt (di-<u>rèkt</u>)
il direttore	der Direktor (di-<u>rèk</u>-toor)
l'elettricità	die Elektrizität (élèktritsi-<u>tèèt</u>)
eccellente	exzellent (èxtsé-<u>lént</u>)
lafamiglia	die Familie (fa-<u>mii</u>-lié)
il momento	der Moment
la nazione	die Nation (na-tsi-<u>oon</u>)
normale	normal
l'oliva	die Olive
l'omelette	das Omelett (<u>om</u>-lèt)
il parco	der Park (park)
il paziente	der Patient (pa-tsi-<u>ent</u>)
la pensione	die Pension (pén-si-<u>oon</u>)
la persona	die Person (pèr-<u>soon</u>)
la porzione	die Portion (por-tsi-<u>oon</u>)
il reclamo	die Reklamation (réklamatsi-<u>oon</u>)
la religione	die Religion (re-li-ghi-<u>oon</u>)
il segnale	das Signal (sigkn-<u>naal</u>)
il servizio	der Service (<u>sèr</u>-vis)

Vi prego di imparare le parole sottolineate nel vocabolario da <u>bistecca</u> a <u>cucina</u>.

17

Terzo giorno

I sostantivi

E Il tedesco e l'italiana amano la patria.
. Der **D**eutsche und die **I**talienerin lieben das **H**eimatland.
R In tedesco esistono tre generi:
   il genere maschile (der **D**eutsche)
   il genere femminile(die **F**ranzösin)
   il genere neutro (das **H**eimatland)
Tutti i sostantivi iniziano con una lettera **maiuscola**.

F <u>Genere del sostantivo</u>

<u>Maschile</u>: Persone con sesso maschile. I nomi delle automobili.
E Il giornalista riporta la carriera dello studente di dottorato al produttore e al presidente.
   Der Journal**ist** berichtet über die Karriere vom Doktor**and** zum Fabrik**ant** und Präsid**ent**.
   Sostantivi con la desinenza: -ist, -and, -ant, -ent.
<u>Femminile</u>: Persone con sesso femminile. I numeri cardinali sostantivati (die Vier / il quattro).
E Carlo va in biblioteca, compra un giornale e scopre la possibilità di guarire la sua malattia attraverso la scienza medica.
   Carlo geht in die Bücher**ei**, kauft eine Zeit**ung** und findet die Möglich**keit**, seine Krank**heit** durch die medizinische Wissen**schaft** zu heilen.
   I sostantivi con la desinenza **-ei,-ung, -keit, -heit, -schaft**.
<u>Neutro</u>:
E Il bambino impara prima la lingua più tardi le lettere.
   Das Kind lernt zuerst die Sprache, später die Buchstaben.
R Gli esseri giovani (das Kind), le lingue (das Deutsch), le lettere (das B), i colori (il blu / das Blau), i nomi di metalli (l'oro / das Gold), i nomi colletivi (i monti / das Gebirge)

I diminutivi che si formano con il suffisso **-chen -lein** (das Mäd**chen** / la ragazza, das Fräu**lein** / la signorina).

F Il plurale / der Plural

E Le macchine guidano per le strade. Le conduttrici vedono attraverso i finestrini le foreste e gli stagni.
Die Autos (1) fahren auf den Straßen (2). Die Fahrerinnen (3) sehen durch die Fenster (4) die Wälder (5) und dieTeiche (6).

R 1 **-s** (Auto > Auto**s**): per i nomi stranieri.
2 **-n** (Straße > Straße**n**): spesso per nomi femminili.
-en: sempre per i nomi su **-ei, -ung, -keit, -heit, -schaft**.
3 **-nen** (Fahrerin > Fahrerin**nen**) nomi femminili su **-in** prendono la desinenza **-nen** al plurale.
4 (Fenster > Fenster) nulla desinenza al plurale.

E La signorina indossa un cappotto. La ragazza porta un pullover e un bambino sulla schiena.
Das Fräu**lein** trägt einen Mant**el**. Das Mäd**chen** trägt einen Pullov**er** und ein Kind auf dem Rück**en**.
Nulla desinenza al plurale:
Sempre per nomi su **-lein, -chen**.
Maggiormente per nomi su **-el, -er, -en**.
5 **-er** (Wald > Wäld**er**)
6 **-e** (Teich > Teich**e**): Spesso per nomi monosillabi.

Le parole composte

Un sostantivo composto può essere formato da un sostantivo unito a:
un altro sostantivo: Brief + Kasten > Briefkasten (bocca delle lettere (**R25**)
un verbo: liegen + Wagen > Liegewagen (carrozza cuccette) (**R 8**)
un aggettivo: halb + Pension > Halbpension (mezza pensione)
un avverbio: zusammen + Arbeit > Zusammenarbeit (cooperazione).
L'ultimo elemento è sempre un sostantivo che determina il genere e la forma del plurale del sostantivo

19

composto. Der Eintritt + **die** Karte > **die** Eintrittskarte, die Eintrittskarte**n**.

F <u>Nomi indicanti mestieri</u>

R   Professione maschile + **-in** > professione femminile.
E   Journalist + **-in** > Journalist**in**.
Alcuni nomi indicanti mestieri finiscono in **-mann** nella versione maschile e **-frau** nella versione femminile.
E   Geschäfts**mann** (uomo d'affari), Geschäfts**frau** (donna d'affari). Il plurale di questi nomi si forma con la parola base **-leute**: Geschäfts**leute**.

<u>Giorni della settimana</u>

lunedì	Montag <u>mon</u>-taag
martedì	Dienstag <u>diins</u>-taag
mercoledì	Mittwoch <u>mit</u>-voch
giovedì	Donnerstag <u>do</u>-nèrs-taag
venerdì	Freitag <u>frai</u>-taag
sabato	Samstag <u>sams</u>-taag
domenica	Sonntag <u>son</u>-taag

<u>Mesi</u>

gennaaio	Januar <u>ia</u>-nuar
febraio	Februar <u>fé</u>-bruar
marzo	März mèrts
aprile	April a-<u>pril</u>
maggio	Mai mai
giugno	Juni <u>iuu</u>-nii
luglio	Juli <u>iuu</u>-lii
agosto	August au-<u>gust</u>
settembre	September sep-<u>tém</u>-ber
ottobre	Oktober ok-<u>too</u>-ber
novembre	November no-<u>fém</u>-ber
dicembre	Dezember dé-<u>tsém</u>-ber

<u>Stagioni</u>

primavera	Frühling <u>früü</u>-ling autunno Herbst h'èrbst
estate	Sommer <u>so</u>-mer inverno Winter <u>win</u>-ter

20

Lo sciopero / Der Streik

Luogo: La stazione a Monaco
un turista T, un impiegato I

T   (davanti allo sportello / vor dem Schalter)
Quando parte il prossimo treno per Berlino? Wann fährt
der nächste Zug nach Berlin (van fèèrt dèr <u>nèk</u>-ste
tsuugk nach bèr-<u>liin</u>)?

I   Non *lo* so. Ich weiß *es* nicht (ich vais és nicht). Invece
dell`orario abbiamo da ieri uno scopero. An Stelle des
Fahrplans haben wir seit gestern **einen** Streik (an- <u>sté</u>-le
dés <u>faar</u>-plaans <u>h'aa</u>-ben viir sait <u>gé</u>-stèrn <u>ai</u>-nen
shtraik).

T   Da quale binario parte il treno? Von welchem Bahn-
steig fährt der Zug ab (fon <u>vél</u>-chem <u>baan</u>-staig fèèrt
dèèr tsuugk ab)?

I   Dal binario sei. Von Bahnsteig **sechs** (fon <u>baan</u>-staig
séks).

T   Devo cambiare? Muss ich umsteigen (mus ich <u>um</u>-
shtaighen)?

I   Deve cambiare a Göttingen. Sie müssen in Göttingen
umsteigen(sii <u>mü</u>-sen in <u>göt</u>-inghen <u>um</u>- staighen).

T   Ho una coincidenza per Berlino? Habe ich einen An-
schluss nach Berlin? (<u>h'aa</u>-be ich <u>ai</u>-nen <u>an</u>-shlus nach
bèr-<u>liin</u>)?

I   Sì. Ja (iaa).

T   Quanto tempo dura il viaggio? Wie lange dauert die
Fahrt (vii <u>lan</u>-ghe <u>dau</u>-ert dii faart)?

I   Normalmente cinque ore, ma oggi per lo sciopero otto
ore. Normalerweise fünf Stunden, aber heute wegen
des Streikes acht Stunden (nor-<u>maa</u>-lèr-vaise fünf
<u>shtun</u>-den <u>aa</u>-bèr <u>h'oi</u>-te <u>vèè</u>-ghen des <u>shtrai</u>-kes acht
<u>shtun</u>-den).

T   C`è una carrozza cuccette? Gibt es einen **Liegewagen**
(ghibt és <u>ai</u>-nen <u>lii</u>-ghe-<u>vaa</u>-ghen)?

I   Si, ma per lo sciopero solo fino a Göttingen. Ja, aber
wegen des Streikes nur bis Göttingen (iaa <u>aa</u>-ber <u>vèè</u>-
ghen dés <u>strai</u>-kes nuur bis <u>göt</u>-in-ghen).

T Vorrei *prenotare* una cuccetta e un posto al finestrino.
   Ich möchte einen Fenster- und Liegeplatz *reservieren* (ich möch-te ai-nen fén-stèr und lii-ghéplats résèr-vii-ren). Vorrei un biglietto di seconda classe, andata e ritorno, il ritorno senza sciopero, per favore.
. Eine Fahrkarte in der zweiten Klasse, hin und zurück, die Rückfahrt bitte ohne Streik (ai-ne faar-karte in dèèr tsvai-ten kla-se h'in und tsu-rük dii rük-faart bi-té oo-ne shtraik).

   D6: **einen** che genere, caso? **R6**: C2
F **D7**: **sechs** numero ordinale e frazione? **R7**: C2
   D8: **Liegewagen** che sono i componenti del nome composto? **R8**: C3

F Parole 'gemelli biovulari'

la specialità	die Spezialität (shpétsiali-tèèt)
la stazione	die Station (shta-tsi-oon)
la tariffa	der Tarif (ta-riif)
il tè	der Tee (téé)
il telefono	das Telefon (té-léfoon)
la temperatura	die Temperatur (témpera-tuur)
la terrazza	die Terrasse (tè-ra-sé)
il trasporto	der Transport (trans-port)

F Locuzioni importanti

c'è / gibt es (ghibt és) dei grandi magazzini qui vicino / in der Nähe ein Kaufhaus (in dèèr nèè-h'é ain kauf-haus), un parcheggio / einen Parkplatz (ai-nen park-plats), qualcuno che / jemand der (iéé-mand dèèr), una visita guidata / eine Führung (ai-ne füü-rungk), una riduzione per / einen Preisnachlass für (ai-nen prais-nachlas füür), una coinciden za per / einen Anschluss nach (ai-nen an-shlus nach), un ostello della giuventù / eine Jugendherberge (ai-ne iuu-ghendh'éérbèrghé)?
Vi prego di imparare le parole nel vocabolario da dare a francobollo.

22

Quarto giorno

Aggettivi

E La madre italiana ama il padre tedesco e le belle figlie.
Die italienische Mutter liebt den deutsch**e**n Vater und
die schön**en** Töchter.

R Gli aggettivi hanno differenti desinenze secondo **il
genere**, **il caso** e **il numero** del sostantivo.
Gli aggettivi precedono il nome. (R12)

E Il padre guarda la bella figlia / le belle figlie.
Der Vater betrachtet die schön**e** Tochter / die schön**en**
Töchter.

R Come in italiano l'aggettivo attributivo si basa sul
nome.

E La figlia è bella. Le figlie sono belle.
Die Tochter ist **schön**. Die Töchter sind **schön**.

R Aggettivi in posizione predicativa (non precedenti un
sostantivo) **non sono mai declinati**.

I gradi di comparazione

E B è così bella come A. B ist **so** schön **wie** A.
so + aggettivo + **wie**
C è più bella di B. C ist schön**er als** B.
aggettivo + **er** + **als**
C è meno bella di D. C ist **weniger** schön **als** D.
weniger + aggettivo + **als**
D è la più bella e interessante. D ist die Schön**ste**
und Interessant**este**.
aggettivo + **ste** oppure **-este**

F Alcuni aggettivi monosillabici con la vocale a, o, u
prendono l'Umlaut, per esempio:
lang (lungo) l**ä**nger der läng**ste**
jung (giovane) j**ü**nger der jüng**ste**
Per facilitare la pronuncia si può inserire o rimuovere
una ‚e', per esempio: kalt (freddo), kälter, der kält-ste >
kält-**e**-ste, teuer (caro), teuerer > teu(e)rer > teurer.

23

Forme irregolari di comparativo e superlativo
gern (volentieri) lieber (lii-ber) am liebsten (liib-sten)
gut (bene) besser (bé-ser) am besten (bé-sten)
viel (molto) mehr (méér) (**R 28**) am meisten (mai-sten)
oft (spesso) öfter (öf-ter) am häufigsten (h'oi-figsten)
hoch (alto) höher (h'öö-er) am höchsten (h'ök-sten)
nah (vicino) (**R 9**) näher (nèè-er) am nächsten (nèk-sten)
bald (presto) eher (éh'èr) am ehesten (éh'ésten)

Tabella 3: Declinazione dell'aggettivo coll'articolo
determinativo

	N	A	D	G
m	der *schöne* Mann	den schönen Mann	dem schönen Mann	des schönen Mannes
f	die *schöne* Frau	die *schöne* Frau	der schönen Frau	der schönen Frau
n	das *schöne* Mädchen	das *schöne* Mädchen	dem schönen Mädchen	des schönen Mädchens
pl	die schönen Töchter	die schönen Töchter	den schönen Töchtern	der schönen Töchter

Regola: gli aggettivi hanno la desinenza -en. (R 30)
Eccezioni: gli aggettivi sottolineati che sono *identici*.
Espediente mnemonico:
Il bell'uomo pensa: guardando allo specchio, la bella donna
vede la bella donna, la bella ragazza vede la bella ragazza,
Der **schöne** Mann denkt: den Spiegel betrachtend sieht die
schöne Frau die *schöne* Frau, sieht das **schöne** Mädchen
das *schöne* Mädchen.
Gli articoli (der, die, das) indicano il genere dell'aggettivo.
Perciò non è necessario che la desinenza aggettivale indichi
il genere. Tutti gli aggettivi hanno la stessa desinenza: **-e**.
I nomi sono identici. Eccezioni: Al genitivo singolare la
maggior parte dei nomi maschili e neutri aggiunge la

24

desinenza **-es** (des Man**nes**) oppure **-s** (des Mädchen**s**). Al dativo plurale, gran parte dei nomi ha la desinenza **-n** (den Töchter**n**) oppure **-en**.

Tabella 4: <u>Declinazione dell'aggettivo con l'articolo indeterminativo</u>

	N	A	D	G
m	ein <u>schön**er**</u> Mann	einen schön**en** Mann	einem schön**en** Mann	eines schön**en** Man**nes**
f	eine *schöne* Frau	eine *schöne* Frau	einer schön**en** Frau	einer schön**en** Frau
n	ein *schön**es*** Mädchen	ein *schön**es*** Mädchen	einem schön**en** Mädchen	eines schön**en** Mädchen**s**
pl	*schöne* Frauen	*schöne* Frauen	schön**en** Frauen	schön**er** Frauen

Regola: gli aggetivi con l'articolo indeterminativo prendono come gli aggettivi con l'articolo determinativo le desinenze **-en**. (**R 41**)

<u>Eccezioni</u>:

1. Al G pl desinenza **-er**, per esempio: die Fotos schön**er** Frauen / le fotografie delle belle donne.
2. Gli aggettivi sottolineati.

<u>Espediente mnemonico</u>:

Un bell'uomo pensa: guardando lo specchio, una bella donna vede una bella donna, una bella ragazza vede una bella ragazza, belle donne vedono belle donne.

Ein <u>schön**er**</u> Mann denkt: den Spiegel betrachtend sieht eine *schöne* Frau eine *schöne* Frau, sieht ein *schön**es*** Mädchen ein *schön**es*** Mädchen, sehen *schöne* Frauen *schöne* Frauen.

L'articolo ,ein' non indica il genere dell'aggettivo. Perciò è necessario che la desinenza aggettivale indichi il genere. La desinenza **-er** (schön**er**) indica il genere **maschile**, la desinenza **-es** (schön**es**) indica il genere **neutro**.

25

F Declinazione degli aggettivi senza articolo

Davanti all'aggettivo non c'è un articolo. (**R 36**)
Regola: gli aggettivi senza articolo si declinano come gli aggettivi con l'articolo indeterminativo.
Eccezioni:
Sostituire al dativo e al genere femminile del genitivo l'ultima lettera dell'aggettivo per **l'ultima lettera dell'articolo indeterminativo**: einem schönen > schönem, einer schönen > schöner.

Gli avverbi

E   Sofia è elegante. Lei può vestirsi elegantemente.
    Sofia ist **elegant**. Sie kann sich **elegant** anziehen.
R   **In tedesco la maggior parte degli aggettivi può essere usata come avverbio.**

F Comparazione dell'avverbio

E   rapidamente   più rapidamente   più rapidamente di tutti/e
    schnell   schnell**er**   **am** schnell**sten**
    presto   più presto   al più presto
    bald   eher   **am** e**hesten**
R   Il superlativo relativo dell'avverbio si forma aggiungendo il suffisso **-sten** oppure **-esten** e premettendo la particula **am.**

Coniugazioni dei verbi 'haben' e 'sein'

presente	ich habe(1)	ich bin (2)
Gegenwart	du hast	du bist
1 ho	er/sie/es hat	er/sie/es ist
2 sono	wir haben	wir sind
	ihr habt	ihr seid
	sie haben	sie sind

26

Saluto e congedo

Luogo: un albergo a Roma
Una tedesca T, un italiano I

I Buon giorno va bene? Guten Tag, geht es gut (<u>guu</u>-ten taagk ghéét és <u>guut</u>)?

T Molto bene, grazie. Sehr gut, danke (sèèr guut <u>dan</u>-ke).

I Mi chiamo Gallo. Ich heiße Hahn (ich <u>h'ai</u>-sse h'aan). Come si chiama? Wie heißen Sie (vii <u>hai</u>-ssen sii)?

T Mi chiamo Gallina. Ich heiße Henne (ich <u>hai</u>-sse h'é-ne).

I Piacere. Sehr erfreut (sèèr èr-<u>froit</u>). Lei di dov'è? *Woher* kommen Sie (vo-<u>h'èèr</u> <u>ko</u>-men sii)?

T Sono di Berlino. Ich bin aus Berlin. (ich <u>bin</u> aus ber-<u>liin</u>) ... Mi dispiace, ma devo partire adesso. Es tut mir leid, aber ich muss jetzt gehen (és tuut miir laid <u>aa</u>-ber ich mus iétst <u>ghé</u>-h'en).

I Arrivederci, Signora Gallina, e buon ritorno a Berlino. Auf Wiedersehen, Frau Henne und gute Heimfahrt nach Berlin (auf <u>wiider</u>-sèh'en frau <u>h'é</u>-né und <u>guu</u>-te h'aim-faart nach ber-<u>liin</u>).

F <u>Locuzioni importanti</u>

c'è / es gibt (és ghibt) un errore nel conto / einen Fehler in der Rechnung (<u>ai</u>-nen <u>fèè</u>-ler in dèèr <u>rèch</u>-nungk).

chi / wer (vèèr) / è il guida turistica / ist der Reiseführer / die Reiseführerin (<u>rai</u>-sefüürèr/in), a chi posso rivolgermi / an wen kann ich mich wenden (an véén kann ich mich <u>vén</u>-den)?

Di chi / über wen, von wem è questa giacca / ist diese Jacke (ist <u>dii</u>-se <u>ia</u>-ke)? **Con chi / mit wem** esci / gehst du aus (ghéést du aus)?

Da chi / zu wem, bei wem sei stato / bei wem bist du gewesen (bai véém bist du ghé-<u>vèè</u>-sen)?

Che, cosa / was che c'è / was gibt(ghibt) es, che cos'è / was ist das, cosa c'è di nuovo / was gibt es Neues (<u>noi</u>-es), che lavoro fa / was machen Sie beruflich (bé-<u>ruuf</u>-lich)?

27

Il guasto all`automobile / Die Panne

Luogo: Berlino
un turista T, una passante P, impiegato I, meccanico M

T Scusi, dov`è l`officina più vicina? Entschuldigung ,wo ist die **nächste** Werkstatt (ent-<u>shul</u>-digungk voo ist dii <u>nèk</u>-ste <u>vèrk</u>-stat)?

P (ridendo / lachend) Esattamente dietro di Lei. Genau hinter Ihnen (ghé-<u>nau</u> <u>h'in</u>-tèr <u>ii</u>-nen).

I Buon giorno, che c'è? Guten Tag, was gibt es (<u>guu</u>-ten taag vaas ghibt és)?

T Resto in panne. Ich habe **eine** Panne (ich <u>h'aa</u>-bé <u>ai</u>-né <u>pa</u>-né). Può controllare la mia macchina? Können Sie mein Auto überprüfen (<u>kön</u>-en sii main <u>au</u>-too übèr-<u>prüü</u>-fen)? Si è fermata e *non* va *più*. Es hat angehalten und fährt *nicht mehr* (és h'at <u>an</u>-ghéh'alten und fèèrt nicht méér).

I Dove si è fermata?   Wo hat es angehalten (voo h'at és <u>an</u>-ghéh'alten)?

T Esattamente davanti all`officina. Genau vor **der** Werkstatt (ghé-<u>nau</u> foor dèèr <u>vèrk</u>-stat).

I Bravo, è una brava macchina! Bravo, das ist ein **gutes Auto** (<u>bra</u>-voo daas ist ain <u>guu</u>-tes <u>au</u>-too). La chiave della macchina, per favore. Bitte den Autoschlüssel (<u>bi</u>-te déén <u>au</u>-to-shlü-sel).   Mentre il mio meccanico controlla la macchina, Lei può bere un caffè. Während mein Mechaniker das Auto kontrolliert, können Sie einen Kaffee trinken (<u>vèè</u>-rend main mé-<u>cha</u>-nikèr daas <u>au</u>-to kontro-<u>liirt</u> <u>kö</u>-nen sii <u>ai</u>-nen <u>ka</u>-féé <u>trin</u>-ken).
   Il meccanico ritorna dopo tre minuti. Der Mechaniker kommt nach drei Minuten zurück.

T Come mai la macchina non va *più?*   Warum fährt das Auto nicht mehr (va-<u>rum</u> fäärt daas <u>au</u>-to nicht méér)?

M Indovini un po`. Raten Sie ein wenig (<u>raa</u>-ten sii ain <u>véé</u>-nigk).

T L`accensione non funziona? Funktioniert die Zündung nicht (funktsio-<u>niirt</u> dii <u>tsün</u>-dungk nicht)?

M No. Nein (nain).

28

T   La batteria è scarica? Ist die Batterie leer (ist dii bate-<u>rii</u> lèèr)?

M   No, ma il serbatoio della benzina. Nein, aber der Benzintank (nain <u>aa</u>-bèr dèèr bén-<u>tsiin</u>-tank).

D9: **nächste** aggettivo? **R9**: C4
D10: **eine** Panne che genere, caso? **R10**: C2
D11: **der** che genere, caso? **R11**: C2
D12: **gutes** Auto regola? **R12**: C4

F <u>Parole contrarie</u>

largo / stretto **breit / schmal**, fuori / dentro **draußen / drinnen**, primo / ultimo **erster / letzter**, libero / occupato **frei / besetzt**, presto / tardi **früh / spät**, duro / molle **hart / weich,** chiaro / scuro **hell / dunkel**, caldo / freddo **warm / kalt,** qui / là **hier / dort**, alto / basso **hoch / niedrig**, su / giù **hinauf / hinunter**, facile / difficile **leicht / schwierig**, leggero / pesante **leicht / schwer**, lungo / corto **lang / kurz**, a sinistra / a destra **links / rechts**, rumoroso / silenzioso **laut / leise,** dopo / prima di **nach / vor**, vicino / lontano **nah / fern,** di sopra / di sotto **darauf / darunter**, aperto / chiuso **offen / geschlossen**, giusto / sbagliato **richtig / falsch**, rapido / lento **schnell / langsam,** bello / brutto **schön / hässlich**, forte / debole **stark / schwach,** dolce / acido **süss / sauer,** secco / bagnato **trocken / nass,** pieno / vuoto **voll / leer.**

F <u>Locuzioni importanti</u>

Di che cosa / wovon, worüber ha parlato / haben Sie gesprochen (ghe-<u>shpro</u>-chen)? **A che cosa / wozu, woran** pensi / woran denkst du (vo-<u>raan</u> denkst duu)?
Come / wie sta Lei / geht (ghéét) es Ihnen, posso andare a / komme ich nach, quanto dista …/ weit (vait) ist es bis …, quanto tempo dura …/ wie lange (langhe) dauert…?
Dove / wohin va il prossimo treno / fährt der nächste Zug (fäärt dèr <u>näk</u>-ste tsuugk)?
Vi prego di imparare le parole da <u>frontiera</u> a <u>Italia.</u>

29

Quinto giorno

I verbi regolari

R L'infinito dei verbi, sia regolari sia irregolari, ha la desinenza **-en** oppure **-n**, per esempio: lern**en** / imparare, wander**n** / camminare.

Tolta la desinenza dell' infinito rimane il tema del verbo: lern**en** > lern(**en**) > **lern-**, wander**n** > **wander-**

R I verbi regolari formano il presente come segue:

Il tema del verbo + **desinenze del presente**.

R Il tema di un verbo regolare resta lo stesso per tutti i soggetti e tutti i tempi.

Coniugazione del verbo

E imparare / **lernen**

soggetto	tema	desinenza
Io / ich	lern	**-e**
Tu / du (duu)	lern	**-st**
Lui / er (èèr)	lern	**-t**
Lei / sie (sii)	lern	**-t**
Lui / lei es (éés)	lern	**-t**
Noi / wir (viir)	**lern**	**-en**
Voi / ihr (iir)	lern	**-t**
Loro / sie (sii)	**lern**	**-en**
Lei / Loro **Sie** (sii)	lern	**-en**

R L'infinito e la prima e terza persona del Pl al indicativo sono **identici**.

F Ci sono dei verbi che aggiungiono dopo il radice un 'e' per falicitare la pronuncia, per esempio:

respirare / atmen: du atm-st > atm-**e**-st

lavorare / arbeiten: er arbeit-t > arbeit-**e**-t

fare il bagno / baden: ihr bad-t > bad-**e**-t

Se il tema del verbo finisce in s, ss, ß, z, tz la seconda persona singolare assume la desinanza -t, invece che -st, per esempio: chiamarsi / hei**ß**-en: du hei**ß**t, sedere / si**tz**-en: du sit**z**t.

Se la radice del verbo finisce in **-el** si elimina la **e** del radice alla prima persona del sg e la **e** della desinenza alla prima e terza persona del pl, per esempio:

sorridere / läch**el**-n:

ich lächel-e > läch(e)le > lächl-e

wir, sie lächel-en > lächel-(e)n > lächel-n

F Coniugazione del preterito

E Imparavo l'italiano a Roma.
   Sofia imparava il tedesco a Monaco.
   Ich *lernte* Italienisch in Rom.
   Sofia *lernte* Deutsch in München.

R Si forma la coniugazione come segue:
   Il tema del verbo + desinenze.

E lern-**en** / imparare

ich	*lernte*
du	lerntest
er / sie / es	*lernte*
wir	*lernten*
ihr	lerntet
sie	*lernten*

R La prima e la terza persona (sia Sg sia Pl) hanno la
   stessa forma.
   Per falicitare la pronuncia si deve inserire una **e** prima
   della desinenza, per esempio:
   aprire / öffn-**en**
   ich / er / sie / es   öffn- te > öffn-**e**-te

F Locuzioni importanti

dove / wo (voo), a luogo / findet statt (<u>fin</u>-det shtat), posso trovare / comprare / kann ich finden / kaufen (kan ich <u>fin</u>-den <u>kau</u>-fen), ci incontriamo / treffen wir uns (<u>trè</u>-fen viir uns), si comprano i biglietti / kauft man die Fahr-scheine (<u>faar</u>-shaine)?

31

I verbi irregolari

Definizione: I verbi irregolari sono quelli in cui, al passato, cambia il vocalismo del tema.

R L'infinito e la prima e terza persona del Pl al indicativo presente sono *identici*. (Eccezione: sein / sind / sind)

Verbi con cambio del vocale

R I verbi cambiano la vocale del tema. Il cambiamento occorre solo nella seconda e la terza persona singolare: a > ä, e > i oppure ie, o > ö

Tabella 5: Coniugazione: verbi con cambio del vocale

fahren / andare   *geben* / dare   *lesen* / leggere *stoßen* / spingere

a > ä	e > i	e > ie	o > ö
ich fahre	ich gebe	ich lese	ich stoße
du fährst	du gibst	du liest	du stößt
er fährt	er gibt	er liest	er stößt
wir *fahren*	wir *geben*	wir *lesen*	wir *stoßen*
ihr fahrt	ihr gebt	ihr lest	ihr stoßt
sie *fahren*	sie *geben*	sie *lesen*	sie *stoßen*

I verbi modali

Mögen / volere (desiderio), **dürfen** / potere, dovere (un permesso), **können** / potere, sapere (possibilità, capacità), **wollen** / volere (desiderio, un'intenzione), **müssen** dovere, essere costretto (necessità), **sollen** / dovere (prescrizione, un consiglio)

Espediente mnemonico: Spero che possiamo fare ciò che sapiamo e che vogliamo e che ci piace ciò che siamo costretti da fare o che dobbiamo fare.

Ich hoffe, dass wir das tun *dürfen*, was wir tun *können* und was wir tun **wollen** und dass wir **mögen**, was wir tun *müssen* oder was wir tun *sollen*. (**R15**)

R I verbi modali possono anche rimanere senza secondo verbo all'infinito se il contest è ovvio.

E Devo a casa. Ich muss nach Hause.

E Voglio fare un viaggio a Roma. Ich **will** eine Reise nach Rom machen.

R Nella proposizione principale, i verbi modali reggono l'infinito, che occupa l'ultima posizione.

E Sofia dice che vuole fare un viaggio a Monaco. Sofia sagt, dass sie eine Reise nach München machen **will**.

R Nella frase secondaria, il verbo modale coniugato è posto dopo l'infinito.

R La prima e la terza persona Sg sono identiche.

R Ogni volta che la prima e la terza persona Sg sono identiche le desinenze sono:
   -**st**, -**en**, -**t** (espediente mnemonico: **stent**)

Tabella 6: Coniugazione dei verbi modali

ich / er / sie / es	will	kann	mag	muss	soll
du	will-**st**	kann**st**	mag**st**	muss**t**	soll**st**
wir / sie	woll-**en**	könn**en**	mög**en**	müss**en**	soll**en**
ihr	woll-**t**	könn**t**	mög**t**	müss**t**	soll**t**

F Il futuro / das Futur

R Si forma il futuro semplice come segue:
L'ausiliaire 'werden' al presente indicativo + l'infinito del verbo alla fine della frase. (**R 24**)
Il verbo **werden** cambia il vocale: e > i.
Coniugazione dell'indicativo presente: ich werde, du wirst, er / sie / es wird, wir *werden*, ihr werdet, sie *werden*.

E Andrò al concerto con Sofia. Ich **werde** mit Sofia ins Konzert **gehen**.

R Quando è presente un avverbio di tempo che ha già in sé l'idea di futuro, i tedeschi usano spesso il presente indicativo invece del futuro, per esempio: Domani andremo al concerto. Morgen gehen wir ins Konzert.

33

Primo incontro / Erste Begegnung

Piazza del mercato a Capri. Marktplatz in Capri.
Davanti a un albergo. Vor einem Hotel. Accanto
all`entrata due valige. Neben dem Eingang zwei Koffer.
una turista G, un tourista T

T Le piace qui? Gefällt es Ihnen hier (ghé-<u>fèlt</u> és <u>ii</u>-nen hiir)?

G Sì, mi piace molto. Ja, es gefällt mir sehr (iaa és ghé-<u>fèlt</u> miir sèèr).

T Lei di dov`è? Woher sind Sie (vo-<u>h'èèr</u> sind sii)?

G Sono di Roma. Ich bin aus Rom (ich bin aus room).

T Que sorpresa anch`io. Welche Überraschung, ich auch (<u>vél</u>-che über-<u>ra</u>-shungk ich auch). Che lavoro fa? Was machen Sie beruflich (vaas <u>ma</u>-chen sii bé-<u>ruuf</u>-lich)?

G Sono studentessa. Ich bin Sutdentin (ich bin shtu-<u>den</u>-tin).

T Anch`io sono studente. Ich bin auch Student (ich bin auch stu-<u>dent</u>). Il mio nome è Tino Baci. Mein Name ist Tino Baci (main <u>naa</u>-me ist <u>tii</u>-no <u>baa</u>-tshi).

G (sorridendo / lächelnd) Piacere. Sehr erfreut (sèèr èr-<u>froit</u>).

T Qual è il Suo nome? Wie heißen Sie (vii <u>h'ai</u>-ssen sii)?

G Gina Borelli.

T *Ha trovato* un buon albergo? *Haben Sie* ein gutes Ho tel *gefunden* (<u>h'aa</u>-ben sii ain <u>guu</u>-tes h'o-<u>tèl</u> ghé-<u>fun</u>-den)?

G Sì, quell`albergo là. Ja, das Hotel dort (iaa daas h'o-<u>tèl</u> dort).

T Anch`io sono in quest`albergo. Ich bin auch in diesem Hotel (ich bin auch in <u>die</u>-sem h'o-<u>tèl</u>). È *qui* con la famiglia? Sind Sie mit der Familie *hier* (sind sii mit dèèr fa-<u>mii</u>-lié h'iir)?

G No, sono sola. Nein, ich bin allein (nain ich bin a-<u>lain</u>).

T Anch`io. Ich auch (ich auch). Sono arrivato l`altro ieri. Ich bin vorgestern angekommen (ich bin <u>foor</u>-ghéstèrn <u>an</u>-ghé-komen). Quando è arrivata? Wann sind Sie angekommen (van sind sii <u>an</u>-ghé-komen)?

G Una settimana fa. Vor **einer Woche** (foor <u>ai</u>-ner woche).

T Fino a quando resta Lei? Bis wann bleiben Sie (bis van <u>blai</u>-ben sii)?

G Sto per partire. Ich werde gleich abreisen (ich <u>vèr</u>-de glaich <u>ab</u>-raisen). Là sono le mie valige. Dort sind meine Koffer (dort sind <u>mai</u>-ne <u>ko</u>-fèr). Aspetto il taxista per andare al porto. Ich warte auf **den** Taxichauffeur, um zum Hafen zu fahren (ich <u>var</u>-te auf déén <u>ta</u>-xi-sho-föör um tsum <u>h'aa</u>-fen tsu <u>faa</u>-ren).

T Che peccato! Wie schade (vii <u>shaa</u>-dé) ! Ci possiamo incontrare a Roma? **Können** wir uns in Rom treffen (<u>kö</u>-nen viir uns in room <u>trè</u>-fen)? Andiamo al cinema? Gehen wir **ins** Kino (<u>ghé</u>-h'en viir ins <u>ki</u>-no)?

G Non mi interesso di cinema. Ich interessiere mich *nicht* für das Kino (ich intèrè-<u>sii</u>-re mich nicht füür daas <u>ki</u>-no).

T Andiamo in una discoteca? Gehen wir in eine Diskothek (<u>ghé</u>-h'en viir in <u>ai</u>-ne disko-<u>téék</u>)?

G Non ho voglia di andare in discoteca. Ich habe keine Lust, in eine Diskothek zu gehen (ich <u>h'aa</u>-be <u>kai</u>-ne lust in <u>ai</u>-ne disko-<u>téék</u> tsu <u>ghé</u>-h'en).

T Di che cosa si occupa nel Suo tempo libero? Womit beschäftigen Sie sich in Ihrer Freizeit (vo-<u>mit</u> bé-<u>shèf</u>- tighen sii sich in <u>ii</u>-rèr <u>frai</u>-tsait)?

G Il mio hobby è l'opera. Mein Hobby ist die Oper (main <u>h'o</u>-bi ist dii <u>oo</u>-pèr).

T È anche il mio hobby. Das ist auch mein Hobby (daas ist auch main <u>h'o</u>-bi). Ha tempo il sei settembre? Haben Sie ***am sechsten September*** Zeit (<u>h'aa</u>-ben sii am <u>sék</u>-sten sép-<u>tém</u>-ber tsait)?

G Un momento, per favore. Einen Moment, bitte (<u>ai</u>-nen mo-<u>ment</u> <u>bi</u>-té). Devo vedere nell`agenda. Ich muss in meinem Kalender nachschauen (ich mus in <u>mai</u>-nem ka-<u>lén</u>-dèr <u>nach</u>-shauen). La sera è libera. Der Abend ist frei (dèèr <u>aa</u>-bend ist frai).)

T (compone un numero di telefono / wählt eine Telefonnummer): Cosa c'è in programma il sei sttembre? Was wird *am sechsten September* in der Oper gespielt

35

(vaas vird am <u>sék</u>-sten sép-<u>tém</u>-ber in dèèr <u>oo</u>-pèr ghé-<u>shpiilt)</u>? Oh, una première. Oh, eine Premiere (oo <u>ai</u>-ne prömi-<u>èè</u>-re). Chi canta la parte principale? Wer singt die Hauptrolle (vèèr singt dii <u>h'aupt</u>-role)? Oh, Plácido Domingo. Ci sono ancora due biglietti? Gibt es noch zwei Karten (ghibt és noch tsvai <u>kar</u>-ten)? Vorrei prenotare due posti in galleria. Ich möchte zwei Plätze auf der Galerie vorbestellen (ich <u>möch</u>-te tsvai <u>plè</u>-tsé auf dèèr gale-rii <u>vor</u>-bestellen).

G Cosa danno all`opera? Was geben sie in der Oper (vaas <u>ghèè</u>-ben sii in dèèr <u>oo</u>-per)

T 'Otello' di Verdi. 'Otello' von Verdi.

D13: **einer** Woche genere e caso? **R13**: C2
D14: **den** Taxifahrer caso? **R14**: C2
D15: **können** che sono i verbi modali? **R15**: C5
D16: **ins** che contrazione? **R16**: C2
D17: **am** che contrazione? **R17**: C2
F **D18**: **am 6. September** regola? **R18**: C2

F <u>Locuzioni importanti</u>

Dov'è / wo ist (voo ist) il/la … più vicino/a der/die/das nächste …, il distributore più vicino / die nächste Tankstelle (<u>tank</u>-sté- le), l'autonoleggio / die Autovermietung (<u>au</u>-to-fèr- mii- tungk), il deposito bagagli / die Gepäckaufbewahrung (ghé-<u>pèk</u>-auf- bévaarungk) la biglietteria / der Fahrkar tenschalter (<u>faar</u>-kartenshalter), il banco del check-in / der Chek-in Schalter (tshèk-<u>in</u>-shalter), un Bancomat / ein Geldauto mat (<u>ghèld</u>-automaaat), l'ufficio per il turismo / das Fremdenverkehrsamt (<u>frém</u>-denfèr- kéérs- amt)?

quando / wann (van), **a che ora / um wie viel Uhr** (um vii viil uur) **apre** / öffnet (<u>öf</u>-net), **ferma** / schließt (shliist), **comincia** / beginnt (bé-<u>ghint</u>), **termina** / endet (<u>én</u>-det) **parte** / fährt … ab (fèèrt <u>ab</u>), **arriva** / kommt … an (komt <u>an</u>), è il / la prossimo/a / ist der / die / das nächste (ist dèèr dii daas <u>nèk</u>-ste)?

Vi prego di imparare le parole da <u>lago</u> a <u>nave</u>.

36

Sesto giorno

F Il preterito dei verbi irregolari

R **Al preterito il tema è invariabile per tutte le persone.**

E A Piazza Navona, ho regalato a Sofia un braccialetto..
Lei mi ha dato un bacio.
Auf der Piazza Navona **gab** ich Sofia ein Armband.
Sie **gab** mir einen Kuss.

R La prima e terza persona Sg hanno **la stessa   forma.**
Perciò si forma il preterito come segue:
Il tema del verbo al preterito + *desinenze -st -en -t.*

Tabella 7: Coniugazione del preterito

(geben   / dare,   gehen / andare,   raten / consigliare,
fahren / andare)

ich / er / sie / es	**gab**	**ging**	**riet**	**fuhr**
du	**gab**-*st*	**ging**-*st*	**riet**-*st*	**fuhr**- *st*
wir, sie	**gab**-*en*	**ging**-*en*	**riet**-*en*	**fuhr**-*en*
ihr	**gab**-*t*	**ging**-*t*	**riet**-*et*	**fuhr** -*t*

F Verbi ausiliari (sein, haben, werden)

E Ero felice a Piazza Navona a causa del baccio. Sofia era
felice a causa del regalo.
Ich **war** auf der Piazza Navona glücklich wegen des
Kusses. Sofia **war** glücklich wegen des Geschenkes.

R La prima e terza persona del Sg sono **identiche**.

Tabella 8: Verbi ausiliari: coniugazione del preterito

Ich war / ero   ich hatte / avevo   ich wurde / diventavo

ich / er / sie / es	**war**	**hatte**	**wurde**
du	**war** -*st*	**hatte**-*st*	**wurde**-*st*
wir, sie	**war**-*en*	**hatt(e)** -*en*	**wurd(e)** -*en*
ihr	**war** -*t*	**hatte** -*t*	**wurde** -*t*

F <u>Il congiuntivo II / der Konjunktiv II</u>

Definizione: Il Konjunktiv II traduce il congiuntivo imperfetto e condizionale italiano.

R I verbi regolari e irregolari formano il Konjunktiv II come segue: **würden + infinito**.

E Se avessi molto tempo, imparerei molte lingue e scriverei molti corsi di lingua.

Wenn ich viel Zeit hätte, **würde** ich viele Sprachen **lernen** (verbo regolare) und viele Sprachkurse **schreiben** (verbo irregolare).

F <u>Coniugazione dei verbi regolari</u>

R Nei verbi regolari la forma del Konjunktiv II al presente è uguale alla forma dell'indicativo preterito.

E Se avessimo un sacco di soldi, viageremmo in tutto il mondo.

Wenn wir einen Sack voll Geld hätten, **reisten** wir in die ganze Welt.

Indicativo preterito = Konjunktiv II:

reisen: ich reiste, du reist**est**, er reiste, wir reist**en**, ihr reist**et**, sie reist**en**.

F <u>Coniugazione dei verbi irregolari</u>

R Nei verbi irregolari alla forma dell'indicativo preterito si aggiungono le lettere che sono posti dopo la lettera 't' del indicativo preterito dei verbi regolari (veda sopra).

E In questo tour mondiale scriveremmo molte cartoline.

Auf dieser Weltreise schrieb**en** wir viele Postkarten.

schreiben: ich schrieb, ich schriebe, du schrieb**est**, er schriebe, wir schrieb**en**, ihr schrieb**et**, sie schrieb**en**.

R I verbi con le vocali a,o,u nel preterito indicativo aggiungono l'Umlaut.

E Vorremmo sorvolare molti continenti. Wir flögen über viele Kontinente. Attraverseremmo molti mari. Wir führen durch viele Meere. Vorremmo parlare alla gente di molte nazioni. Wir sprächen mit den Menschen vieler Nationen.

Verbi ausiliari e verbi modali

R I verbi ausiliari (sein, haben, werden) e i verbi modali
   hanno delle proprie forme del Konjunktiv II.
.

La formazione del Konjunktiv II

verbo	preterito del verbo	+ dieresi >	Konjunktiv II
dürfen	durfte		dürfte
können	konnte		könnte
mögen **(R 23)**	mochte		möchte
müssen	musste		müsste
haben	hatte		hätte
werden	wurde		würde
Eccezioni:			
sein	war		*wäre*
sollen	sollte		*sollte*
wollen	wollte		*wollte*

Tabella 9: Coniugazione (verbi ausiliari e modali)

ich / er / sie / es	**möchte**	**könnte**	**würde**
du	**möchte**-*st*	**könnte**-*st*	**würde**-*st*
wir, sie	**möcht(e)**-*en*	**könnt(e)**-*en*	**würd(e)**-*en*
ihr	**möchte**-*t*	**könnte**-*t*	**würde**-*t*

Si usa il Konjunktiv II per esprimere:

Un *consiglio* usando il verbo modale sollen (dovere):
Sofia, dovresti comprare un vestito nuovo per il viaggio.
Sofia du *solltest* ein neues Kleid für die Reise kaufen.

Un *desiderio*: Voglio comprare l'abito a Roma.
              Ich *möchte* das Kleid in Rom kaufen.

Una *cortese richiesta*: (**R 39**)
              Potresti comprare l'abito a Berlino.
              Könntest du das Kleid in Berlin kaufen?

39

Il passato prossimo / das Perfekt

Il Perfekt si forma con il verbo ausiliare coniugato (**haben** oppure **sein**) al tempo presente **e il participio passato (sempre invariabile).**

Verbi regolari

E Sofia mi ha baciato.
    Sofia hat mich **gekü**ss**t**.
R Si forma il participio passato normalmente come segue:
    ge- + radice verbale + **-t**
    baciare / küssen: **ge** - küss **-t**
    Eccezione: I verbi con la desinenza **-ieren non**
    aggiungono il prefisso -ge e sono sempre regolari:
    telefonare / telefon*ieren* > hat telefoniert.
F Per facilitare la pronuncia si aggiunge **e** dopo la radice:
    parlare / reden > hat ge-red - t > ge- red **-e-** t.

Verbi irregolari

E Ho regalato un regalo a Sofia.
    Ich habe Sofia ein Geschenk **gegeben**.
R Si forma per la maggior parte il participio passato come
    segue:
    ge- + radice verbale + **-en**
    dare / geben: **ge-** geb **-en**

Participio passato con l'ausiliare 'sein'

E Sofia si è svegliata la mattina. Am Morgen **ist** Sofia
    auf**ge**wacht. (1) Poi è andata alla stanza da bagno.
    Danach **ist** sie in das Bad **ge**gangen. (2)
R Si usa l'ausiliare **sein** con verbi intransitivi che indicano
    un cambiamento di stato (1), con verbi intransitivi di
    movimento da e verso luogo. (2) (**R 41**)
R Si usa l'ausiliare **'sein'** con i verbi**:**

sein / essere, **bleiben** / restare, **begegnen** incontrare, **geschehen** / succedere, **passieren** / capitare.
Espediente mnemonico:
Sono sempre stato innamorato di Sofia e sono rimasto fedele a lei. Anche se ho incontrato donne attraenti nei miei viaggi di lavoro, non è successo o capitato niente. Ich bin immer in Sofia verliebt **gewesen** und ich bin ihr treu **geblieben**. Auch wenn mir auf meinen Geschäfts-reisen attraktive Frauen **begegnet** sind, ist nichts **geschehen** oder **passiert**.

Participio passato con l'ausiliare 'haben'

E Ho aperto la porta della stanza da bagno. Ich **habe** die Tür des Bads **geöffnet**. (1) Sofia ha truccato le sue labbra davanti allo specchio e è stata molto brava a farlo. Sofia **hat sich** vor dem Spiegel die Lippen **geschminkt** (2) und das hat sie sehr gut **gekonnt**. (3)

R **Si usa l'ausiliare' haben' con tutti i verbi con complemento oggetto (1) con i verbi riflessivi (2) e con tutti i verbi modali (3). (R27)**

I verbi con prefisso

Questi verbi sono composti per un prefisso e un verbo base (auf - wachen / svegliarsi). Un verbo composto è separabile se il prefisso porta l'accento tonico (**auf** - wachen) (**R 26**) e *inseparabile* se l'accento tonico non cade sul prefisso, ma sul tema (*be*trachten / guardare, sich *ver*lieben / innamorarsi).

I verbi separabili

E La sera Sofia ha detto / am Abend hat Sofia gesagt: 'Mi sdraio. Ich lege mich hin.' (1) Poi si addormentava subito. Danach schlief sie sofort ein. (2) Si è svegliata la mattina. Am Morgen ist sie aufgewacht. (3)

R Al presente (1) e al preterito (2) il prefisso separabile (hin, ein) si stacca dal verbo e va all'ultima posizione della frase.
Nei verbi separabili, sia regolari o irregolari, il prefisso del participio -ge si inserisce tra prefisso e verbo. (3)

I verbi inseparabili

E Ho guardato Sofia e ho pensato. Ich habe Sofia *be*trachtet (1) und ich habe gedacht:
'Mi innamoravo di questa donna al nostro primo appuntamento. In diese Frau *ver*liebte (2) ich mich bei unserem ersten Rendezvous. Ogni giorno mi innamoro di più. Jeden Tag *ver*liebe (3) ich mich noch mehr.'

R Nei verbi con prefisso inseparabile al participio passato il prefisso -**ge** si omette. (1)
Il prefisso non si stacca dal verbo base al preterito (2) oppure al presente (3).

Ci sono soltanto otto prefissi inseparabili:
be-, emp-, ent-, er-, ge-, miss-, ver-, zer-.

Espediente mnemonico:

Ogni volta che ci tocchiamo, provo un grande senso di gratitudine per il fatto che il nostro rapporto si è sviluppato così bene e è riuscito così bene che non devo preoccuparmi che fallirerà ad un certo punto. E ogni volta che dico addio a un viaggio di lavoro da Sofia, devo sperimentare come la separazione mi lacera il cuore.
Jedes Mal, wenn wir uns *be*rühren *emp*finde ich eine große Dankbarkeit, dass unsere Beziehung sich so gut *ent*wickelt hat und so gut *ge*lungen ist und ich daher nicht fürchten muss, sie könnte noch irgendwann *miss*lingen. Und jedes Mal, wenn ich mich vor einer Geschäftsreise von Sofia *ver*abschiede, muss ich *er*fahren, wie mir die Trennung das Herz *zer*reißt.

F Il passivo / das Passiv

R Si forma il passivo con l'ausiliare 'werden' e il participio passato del verbo. Si può indicare l'agente usando 'von'+ dativo.

E La valigia è fatta per me.
Der Koffer **wird** von mir gepackt.

Verbi irregolari

l'infinito	3. pers. Sg	preterito	ausiliare + Pp
gehen / andare	geht	ging	ist gegangen
kommen / venire	kommt	kam	ist gekommen
können / potere	kann	konnte	hat gekonnt
müssen / dovere	muss	musste	hat gemusst
wollen / volere	will	wollte	hat gewollt
wissen / sapere	weiß	wusste	hat gewusst

F

bitten / pregare	bittet	bat	hat gebeten
bleiben / restare	bleibt	blieb	ist beblieben
bringen / portare	bringt	brachte	hat gebracht
denken / pensare	denkt	dachte	hat gedacht
finden / trovare	findet	fand	hat gefunden
fliegen / volare	fliegt	flog	ist geflogen
haben / avere	hat	hatte	hat gehabt
kennen / conoscere	kennt	kannte	hat gekannt
rennen / correre	rennt	rannte	ist gerannt

F L'imperativo / der Imperativ

Si forma l'imperativo con l'aiuto della coniugazione del verbo, per esempio: fahren / andare

coniugazione	imperativo
du fährst > (du) fähr(st)	> fahr! (1)
wir fahren	fahren wir!
ihr fahrt > (ihr) fahrt	> fahrt!
Sie fahren	fahren Sie!

R (1) I verbi che hanno un 'Umlaut' lo perdono all'imperativo.

I verbi che hanno un cambiamento **e > i o ie** conservano questa vocale all' imperativo:

dare / geben: du gibst > gib!

leggere / lesen: du liest > lies!

Si può usare l'infinito come **imperativo**:

Fermare la porta! Die Tür **schließen**!

43

<u>I verbi separabili</u>

E   partire / **los**fahren: Fahren Sie **los**!
R   Il prefisso separabile **va all'ultima posizione della frase** . (**R 44**)

<u>Imperativo negativo</u>

E   Non guidare troppo veloce! Fahr **nicht** zu schnell. (1)
    Fahren Sie **nicht** zu schnell. (2)
R   '**nicht**' sta dietro il verbo (1) oppure il pronome (2).

F <u>Il participio presente</u>
E   Ecco Sofia e Karl ballando insieme.
    Hier sind Sofia und Karl, gemeinsam tanzen**d**.
R   Si forma il participio presente come segue:
    l'infinito + **d**: ballare / tanzen + **d** > tanzen**d**
    La declinazione: > declinazione dell'aggettivo (tabella 3/4).

La proposizione infinitiva

L'infinito è per lo più preceduto dalla preposizione 'zu', per esempio:
um … zu (per), **ohne … zu** (senza che) e **statt … zu** (al posto di).
<u>Espediente mnemonico:</u>
Ricordo gli esempi per dedurre le regole grammaticali da questi esempi senza sforzare la mia memoria invece di tenere a mente le regole grammaticali sforzando la memoria.
Ich merke mir die Beispiele, **um** aus diesen Beispielen die Grammatikregeln ab**zu**leiten (1), **ohne** mein Gedächtnis anzustrengen (1) **statt** die Grammatikregeln **zu** merken und dabei mein Gedächtnis anzustrengen.
(1) Nei casi dei verbi con prefissi accentati '**zu**' si inserisce tra il prefisso e il verbo.
L'infinito senza 'zu' si trova dopo:
I verbi modali (**R 21**), i verbi di moto, i verbi sensoriali (vedere / sehen, ascoltare / hören) e alcuni altri verbi, per

44

esempio lasciare / lassen, imparare / lernen.

Espediente mnemonico:
Sofia mi lascia leggere un libro. Lei va alla scuola di musica per suonare il piano.
Sofia **lässt** mich ein Buch **lesen**. Sie **geht** in die Musikschule Klavier **spielen**.
Sofia impara a suonare il piano. Ogni giorno la vedo e la ascolto suonare il piano. Sofia **lernt** Klavier **spielen**. Jeden Tag **sehe** und **höre** ich sie Klavier **spielen**.

La posizione del verbo

Karl K, Sofia S

K Quando vieni? *Wann* **kommst** du? (1)
S Non verrò domani. Morgen **komme** ich nicht.
   Verrò dopodomani. Ich **komme** übermorgen. (2)
R *Dopo un pronome interrogativo* (1) (**R 22**) **e nei proposizioni principali** (2) (**R 20**) **il verbo occupa sempre il secono posto.**

K Ha già comprato il biglietto aereo? **Hast** *du* (3) das
   Flugticket schon gekauft? (3)
R Nella domanda semplice (senza pronome interrogativo) il verbo coniugato va posto all'inizio della proposizione (3), seguito dal soggetto (**R19**)

K **Telefona** dopodomani con me!
   Telefonier übermorgen mit mir! (4)
R Nella proposizione imperativa il verbo è in **prima posizione**. (4)

K Spero che abbia un buon volo. Ich hoffe, *dass* du einen guten Flug **hast**. (5)
R Nelle proposizioni subordinate il verbo è in **posizione finale**. (5) Le frasi subordinate cominciano con una *congiunzione* (per esempio che / *dass*, perché / *weil*, sebbene / *obwohl*, se / *ob*).

45

L'abito da sposa / Das Hochzeitskleid

Un negozio di abbigliamento a Roma
Gina G, venditrice V

V (sorridendo / lächelnd) *La* posso aiutare? **Kann ich**
Ihnen helfen (kan ich <u>ii</u>-nen <u>h'èl</u>-fen)?

G Mi può mostrare un abito da sposa? Können Sie mir
ein Hochzeitskleid zeigen (<u>kö</u>-nen sii miir ain <u>h'och</u>-
tzaitsklaid <u>tsai</u>-ghen)?

V Che taglia? Welche Größe (<u>vél</u>-che <u>gröö</u>-sse)?

G La mia taglia è la quaranta. Meine Grösse ist vierzig
(<u>mai</u>-ne <u>gröö</u>-sse ist <u>fiir</u>-tsigk).

V Può descrivermi l'abito che desidera? Können Sie das
Kleid *beschreiben*, welches Sie wünschen (<u>kö</u>-nen sii
daas klaid be-<u>shrai</u>-ben <u>vél</u>-ches sii <u>vün</u>-shen)?

G Desidero un abito elegante e tradizionale. Ich wünsche
ein elegantes und traditionelles Kleid (ich <u>vün</u>-she ain
élé-<u>gan</u>-tes und traditsio-<u>nèl</u>-les klaid).

V Di che colore? Welche Farbe (<u>vél</u>-che <u>far</u>-be)?

G Vorrei qualcosa di bianco. Ich **möchte** etwas in weiss
(ich <u>möch</u>-te <u>ét</u>-vas in vaiss).

V Questo è elegante, non è vero? Dieses hier ist elegant,
nicht wahr (<u>die</u>-ses h'iir ist élé-<u>gant</u> nicht vaar)?

G Sì, posso provarlo? Ja, kann ich es anprobieren (iaa kan
ich és <u>an</u>-probiiren)?

V Volentieri. Sehr gern (sèèr ghèrn). Ecco la cabina di
prova. Hier ist die Ankleidekabine (h'iir ist dii <u>an</u>-klai-
dekabiine).

G *(sta davanti allo specchio e guarda felice la sua*
immagine riflessa / steht vor dem Spiegel und
betrachtet glücklich ihr Spiegelbild) Che bell' abito da
sposa. Was für ein schönes Hochzeitskleid (vaas fiiir
ain <u>shöö</u>-nes <u>h'och</u>-tsaitsklaid). È un sogno. Es ist ein
Traum (és ist ain traum). Quanto costa? Wie viel **kostet**
es (vii fiil <u>kos</u>-tet és)?

V Due mila Euro. Zweitausend Euro (<u>tsvai</u>-<u>tau</u>-send <u>oi</u>-
roo).

G Resta un bel sogno perché non voglio spendere più di

46

mille Euro. Es bleibt ein schöner Traum, weil ich nicht mehr als tausend Euro ausgeben möchte (és blaibt ain shöö-ner traum vail ich nicht méér als tau-send oi-roo aus-ghèèben möchte).

V Un momento, per favore. Einen Momen, bitte (ai-nen mo-ment bi-té). Telefono al caporeparto. Ich telefoniere mit dem *Abteilungsleiter* (ich téléfo-nii-re mit déém ab-tai-lungslaiter).
Dopo la telefonata. Nach dem Telefongespräch.
Può comprare l'abito per mille cinque cento Euro. Sie können das Kleid für eintausendfünfhundert Euro *kaufen* (sii kö-nen daas klaid füür ain-tau-sendfünf-h'un-dèrt oi-roo kau-fen).

G Allora lo compro. Dann kaufe ich es.
(dan kau-fe ich és).

D19: kann ich regola della posizione del verbo? **R19:** C6 **D20: Ich suche** regola della posizione del verbo? **R20:** C6 **D21: beschreiben** perché senza 'zu'? **R21:** C6 **D22: kostet** regola della posizione del verbo? **R22:** C6

F **D23: möchte** come si chiama il verbo? **R23:** C6 **D24: ich werde … telefonieren** regola? **R24:** C5

F Locuzioni importanti

qual è / welche/r/s / il prefisso / welche Vorwahl (vél-che foor-vaal), il numero di tlefono / welche Telefon nummer (vél-che télé-foon-numer), la tariffa / welche Gebühr (vél-che ghé-büür), il voltaggio / welche Stromspannung (vél-che stroom-shpan-ungk). Quali sono le previsioni meteorologiche / welche Wettervorhersage gibt es (vél-che vè-tèrfoor-h'èèr-saaghé ghibt és)? Qual è il giorno del mercato / an welchem Tag ist Markt (an vél-chem taag ist markt)?
Da quando / seit wann sei qui / bist du hier (hiir)?

Vi prego di imparare le parole da nazionalità a persona.

47

Settimo giorno

I pronomi personali

E Sofia è un'italiana. **Lei** ama la moda.
Sofia ist eine Italienerin. **Sie** liebt die Mode.

R I pronomi personali **sostituiscono un nome** nella frase evitando la ripetizione del nome. Il pronome deve avere lo stesso genere del nome sostituito.

Tabella 10 A: Declinazione all'accusativo

E Mi informo / ich informiere mich.

nominativo	verbo	pronome riflessivo	pron. **accusativo**
ich	informiere	mich	mich
du (duu)	informierst	dich	dich
er (èèr)	informiert	sich	**ihn** iin
sie (sii)	informiert	sich	**sie**
es (éés)	informiert	sich	**es**
wir (viir)	informieren	uns	uns
ihr (iir)	informiert	euch oich	euch
sie (sii)	informieren	sich	**sie**

Il pronome **Sie** con la S maiuscola è la forma di cortesia verso persone adulte in situazioni formali. Sie può essere rivolta a una o più persone.

E La / Vi saluto / ich begrüsse **Sie** (Sg e Pl).

Declinazione all'accusativo: Modificare la declinazione del pronome riflessivo come segue: Sostituire 'sich' (Sg) per **ihn** (m), **sie** (f), **es** (n) e 'sich' (Pl) per **sie**.

E Sofia mi dà il libro. Sofia gibt **mir** das Buch. (1)

R Se uno dei due complimenti è rappresentato da un pronome e l'altro da un sostantivo, il pronome ha sempre la precedenza. (1)

E Sofia me lo da. Sofia gibt **es** mir. (2)

R Se la proposizione ha due pronomi, il pronome all'accusativo ha la precedenza. (2) (**R 34**)

Se il verbo riflessivo richiede un altro complemento oggetto all'accusativo il pronome riflessivo cambia:
mich > **mir** (miir) dich > **dir** (diir).

48

Tabella 10 B: <u>Declinazione al dativo</u>

E <u>Mi lavo le mani.</u> Ich wasche **mir** die Hände.
<u>nominativo verbo   pronome riflessivo pron.**dativo**</u>

nominativo	verbo	pronome riflessivo	pron. dativo
ich	wasche	**mir**	mir
du	wäscht	**dir**	dir
er	wäscht	sich	**ihm** iim
sie	wäscht	sich	**ihr**
es	wäscht	sich	**ihm**
wir	waschen	uns	uns
ihr	wascht	euch	euch
sie	waschen	sich	**ihnen** iinen

Ihnen: come 'Sie' una forma di cortesia.
E Le scrivo / scrivo Loro / ich schreibe **Ihnen** (Sg e Pl).
<u>Declinazione al dativo</u>: Modificare la declinazione del pronome riflessivo come segue: Sostituire 'sich' (Sg) per **ihm** (m, n), **ihr** (f) e 'sich' (Pl) per **ihnen**.

La negazione

Si forma la negazione come segue:
    1. Con la parola **nein** (no).
E Lei parla tedesco? No. Sprechen Sie Deutsch? **Nein.**
    2. Con l'avverbio **nicht** (no / non). (**R 33**)
E Parlo spagnolo. Ich spreche Spanisch. Io no. Ich **nicht.**
    Non parlo spagnolo. Ich spreche **nicht** Spanisch. (1)
R A differenza dell'italiano la negazione 'nicht' segue il verbo coniugato. (1)
Non vedo **più** R. Ich sehe R **nicht mehr.**
Non vedo **mai** R. Ich sehe R. **nie.** Non vedo **né** R. **né** S. Ich sehe **weder** R. **noch** S.
Non vedo **nessuno**. Ich sehe **niemand.**
Non vedo **niente**. Ich sehe **nichts.**
Per la negazione ‚nessuno/a' si usa **kein** (m, n) **keine** (f) davanti al sostantivo, per esempio: Nessuna donna è più bella di Sofia. **Keine** Frau ist schöner als Sofia.
R Si declina 'kein' al Sg come segue:
    k + declinazione di ein, eine (> tabella 2, C2).
    La declinazione al plurale: (> pl tabella 4, C4):

49

Il viaggio di nozze / Die Hochzeitsreise

Luogo: L'aeroporto di Roma-Ciampino
Gina G, Tino T, un impiegato I

T A che ora parte il volo charter per Parigi? Um wieviel Uhr startet der **Charterflug** nach Paris (um vii fiil uur <u>shtar</u>-tet dèèr <u>tshar</u>-tèrfluugk nach pa-<u>ris</u>)?

I Avete ancora un po' di tempo. Sie haben noch ein wenig Zeit (sii <u>h'aa</u>-ben noch ain <u>véé</u>-nigk tsait). La partenza è fra un'ora. Der Start ist in einer Stunde (dèèr shtart ist in <u>ai</u>-ner <u>shtun</u>-de).

G A che ora arriva l'aereo? Um wie viel Uhr **kommt** das Flugzeug **an** (um vii fiil uur komt daas <u>fluug</u>-tsoigk an)?

I Se l'aereo parte in orario, l'arrivo è alle undici. Wenn das Flugzeug *pünktlich* startet, ist die Ankunft um elf Uhr (vén daas <u>fluug</u>-tsoigk <u>pünkt</u>-lich <u>shtar</u>-tet ist dii <u>an</u>-kunft um elf uur). È la prima volta che andate a Parigi? Fahren Sie zum ersten *Mal* nach Paris (<u>faa</u>-ren sii tsum <u>éérs</u>-ten maal nach pa-<u>ris</u>)?

G Sì, è il nostro viaggio di nozze. Ja, das ist unsere Hochzeitsreise (iaa daas ist <u>un</u>-sère <u>h'och</u>-tsaitsraise).

I Oh, felicitazioni agli sposi. Glückwünsche zur Hochzeit (<u>glük</u>-vünshe tsuur <u>h'och</u>-tsait). Avete trovato un buon albergo? **Haben** Sie ein gutes Hotel gefunden (<u>h'aa</u>-ben sii ain <u>guu</u>-tes h'o-<u>tèl</u> ghé-<u>fun</u>-den)?

T Sì, vicino alla cattedrale *Notre Dame* nel *Quartier Latin.* Ja, bei der Kathedrale *Notre-Dame* im *Quartier Latin.* (iaa bai dèèr katé-<u>draa</u>-le).

I *Sono vissuto* in questo quartiere dal 1988 al 1996. *Ich habe* in diesem Viertel von 1988 bis 1996 *gelebt* (ich <u>h'aa</u>-be in <u>dii</u>-sem <u>fiir</u>-tel fon nointséénh'undertacht-undachttsigk bis nointséénh'undertséksundnointsigk ghé-lèbt). Ogni volta che penso a Parigi, sento una grande nostalgia di quella città meravigliosa. Jedes Mal, wenn ich an Paris denke, fühle ich ein großes Heimweh nach dieser wunderbaren Stadt (<u>iéé</u>-des maal vén ich an pa-<u>ris</u> <u>dén</u>-ke <u>füü</u>-le ich ain <u>groo</u>-sses <u>h'aim</u>-véé nach <u>dii</u>-sèr <u>vun</u>-derbaaren shtat).

50

G   Che cosa Le è piaciuta *più di tutto* a Parigi? Was hat Ihnen in Paris *am meisten* gefallen*t* (vaas h'at <u>ii</u>-nen in pa-<u>ris</u> am <u>mai</u>-sten ghé-<u>fal</u>-en)?

I   È una domanda difficile. Das ist eine schwierige Frage (daas ist <u>ai</u>-ne <u>shvii</u>-righe <u>fraa</u>-ghe). Forse la vista sulla *Seine* sotto i ponti di Parigi oppure la vista dal mio appartamento sul cielo azurro soprai i tetti di Parigi. Vielleicht der Blick auf die *Seine* unter **den** Brücken von Paris oder die Aussicht von meiner Wohnung auf den **blauen** Himmel über den Dächern von Paris (fi-<u>laicht</u> dèèr blik auf dii sèèn <u>un</u>-tèr déén <u>brü</u>-ken fon pa-<u>ris</u> <u>oo</u>-dèr dii <u>aus</u>-sicht fon <u>mai</u>-nèr <u>voo</u>-nungk auf déén <u>blau</u>-en <u>h'i</u>-mel <u>üü</u>-bèr déén <u>dè</u>-chern fon pa-<u>ris</u>). Forse quella sera sulla piazza *Concorde*, quando il sole rosso tramontava dietro alla torre Eiffel. Vielleicht jener Abend auf dem *Concorde Platz*, als die rote Sonne hinter dem Eiffelturm unterging (fi-<u>laicht</u> <u>iee</u>-ner <u>aa</u>-bend auf déém *Concorde* plats als dii <u>roo</u>-te <u>so</u>-ne <u>h'in</u>-ter déém <u>ai</u>-felturm <u>un</u>-tèrghingk). Forse quella notte, quando ho guardato il mare di luce della città dal ristorante più alto della torre Eiffel. Vielleicht jene Nacht, als ich das Lichtermeer der Stadt **vom** höchsten Restaurant des Eiffelturms betrachtet habe (fi-<u>laicht</u> <u>iee</u>-ne nacht als ich daas <u>lich</u>-tèrméér dèèr shtat fom <u>h'ök</u>-sten rèstoorannt dés <u>ai</u>-felturms bé-<u>trach</u>-tet <u>h'aa</u>-be). Forse la bellezza seducente delle ballerine del *Lido* e del *Moulin Rouge*. Vielleicht die verführerische Schönheit der Tänzerinnen des *Lido* und des *Moulin Rouge* (fi-<u>laicht</u> dii fèr-<u>füü</u>-rèrishe <u>shöön</u>-h'ait dèèr <u>tèn</u>-tserinen dés *Lido* und dés *Moulin Rouge*). Forse quella mattina, quando ho visto davanti alla chiesa *Sacré-Coeur* dopo una notte in bianco il sorgere del sole roseo Vielleicht jener Morgen, als ich vor der Kirche *Sacré-Coeur* nach **einer** schlaflosen Nacht den Aufgang der rosigen Sonne gesehen habe (fi-<u>laicht</u> <u>iee</u>-ner <u>mor</u>-ghen als ich foor dèèr <u>kir</u>-che *Sacré-Cœur* nach <u>ai</u>-ner <u>shlaaf</u>-loosen nacht déén <u>auf</u>-gangk dèèr <u>roo</u>- sighen <u>so</u>-ne ghé-<u>sèè</u>-h'en <u>h'aa</u>-be). Che cosa mi è piaciuta più di tutto? Was hat mir am meisten gefallen (vaas h'at miir

51

am mai-sten gefallen)? Non lo so. Ich weiß *es **nicht*** (ich vaiss és nicht). So tuttavia che sarete molto felici entram- bi durante questo viaggio di nozze perche Parigi è la città perfetta per amarsi e perciò il luogo ideale per un viaggio di nozze. Ich weiß jedoch, dass Sie beide wäh- rend dieser Reise sehr glücklich sein werden, weil Paris die perfekte Stadt ist, um sich zu lieben und deshalb der ideale Ort für eine Hochzeitsreise (ich vaiss iee-doch das sii bai-de vèè-rend dii-sèr rai-se sèèr glük-lich sain ver-den vail pa-ris dii pèr-fèk te shtat ist um sich tsu lii-ben und dés-h'alb dèèr idé-a-le ort füür ai-ne h'och- tsaitsraise).

T Abbiamo bisogno delle carte d'imbarco. Wir brauchen die Bordkarten (viir brau-chen dii bord-karten).

I Vi le do. Ich gebe **sie Ihnen** (ich ghèè-be sii ii-nen). Grüßen Sie Paris von mir (grüü-ssen sii pa-ris fon miir).

D25: Charterflug che nome? **R25**: C3 **D26: kommt an** perché ankommen è separabile? **R26**: C6 **D27: haben** participio passato con 'haben': regola? **R27**: C6 **D28: am meisten** comparativo? **R28**: C4 **D29: den** caso? **R29**:C2 **D30: blauen** regola? **R30**: C4 **D31: vom** che contrazione? **R31**: C2 **D32: einer** regola della declinazione dell'articolo indeterminativo? **R32**: C2 **D33: nicht** espressione della negazione? **R33**: C7 **D34: sie Ihnen** regola? **R34**: C7

F Locuzioni importanti

Quanto / wieviel costa … all'ora / kostet … pro Stunde (shtun-de), che ore sono / wieviel Uhr (uur) ist es?
posso / kann ich, si può / kann man parcheggiare qui / kann ich hier parken (kan ich hiir par-ken), lasciare il mio bagaglio qui / mein Gepäck hier lassen (main ghé-pèk hiir la-sen), andare a piedi / zu Fuß gehen (tsu fuuss ghé-h'en), fare delle foto / Fotos machen (fo-toos ma-chen), La invitare / Sie einladen (sii ain-laaden), La accompagnare a casa/ Sie nach Hause begleiten (sii nach h'au-se bé-gklai-ten)?
Vi prego di imparare le parole da pesce a ristorante.

52

Ottavo giorno

L'aggettivo possessivo

L'aggettivo possessivo indica l'appartenenza di un sostantivo a una cosa o a una persona e concorda con il sostantivo cui si riferisce, in genere, numero e caso. L'aggettivo possessivo non è mai preceduto dell'articulo.

E Ecco il mio amico / hier ist **mein** Freund. Ecco la mia amica / hier ist **meine** Freundin. Ecco il mio libro / hier ist **mein** Buch. Ecco la mia casa / hier ist **mein** Haus .

Ecco i miei figli / hier sind **meine** Söhne. Ecco le mie case/ hier sind **meine** Häuser. Ecco le mie figlie / hier sind **meine** Töchter.

m	f	n	pl
mein	*meine*	**mein**	*meine* (m, n, f)
il mio	la mia	il mio / la mia	i miei / le mie
dein	*deine*	dein	*deine*
il tuo	la tua	il tuo / la tua	i tuoi / le tue
proprietario (m)			
sein	*seine*	sein	*seine*
il suo	la sua	il suo / la sua	i suoi / le sue
proprietaria (f)			
ihr	*ihre*	ihr	*ihre*
il suo	la sua	il suo / la sua	i suoi / le sue
proprietario (n)			
sein	*seine*	sein	*seine*
il suo	la sua	il suo / la sua	i suoi / le sue
Ihr	*Ihre*	Ihr	*Ihre*
Il Suo	la Sua	il Suo / la Sua	i Suoi / leSue
unser	*unsere*	unser	*unsere*
il nostro	la nostra	il/la nostro/a	i nostri /le nostre
euer	*eure*	euer	*eure* (1)
il vostro	la vostra	il/la vostro/a	i vostri/le vostre
ihr	*ihre*	ihr	ihre
il loro	la loro	il / la loro	i loro / le loro
Ihr	*Ihre*	Ihr	*Ihre*
Il Loro	la Loro	il / la Loro	i Loro / le Loro

R Gli aggettivi possessivi sono uguali al genere maschile e neutro e anche al genere *femminile* e al *plurale* (**R 35**).

53

R L'aggettivo possessivo ‚euer‘ perde la lettera ‚e‘ nel mezzo, quando si aggiunge una desinenza. (1)

E euer Vater, euere > eure Mutter, euere > eure Brüder

R In tedesco il **sesso del proprietario** determina la forma dell'aggettivo.

E Karl hat **sein** Auto geparkt. Karl ha parcheggiato la sua macchina.
Sofia hat **ihr** Auto geparkt. Sofia ha parcheggiato la sua macchina.

La declinazione dell'aggettivo possessivo

Tabella 11: <u>Declinazione dell'aggettivo possessivo</u>

	N	A	D	G
m	**<u>mein</u>**	mein(d)*en*	mein(d)*em*	mein(d)**es**
f	***<u>meine</u>***	*meine*	mein(d)**er**	mein(d)**er**
n	***<u>mein</u>***	*mein*	mein(d)*em*	mein(d)**es**
pl	***<u>meine</u>***	*meine*	mein(d)*en*	mein(d)**er**

Come la declinazione dell'articolo indeterminativo (C2) la declinazione dell'aggettivo possessivo si forma **con le due ultime lettere dell'articolo determinativo.**
Regola: l'aggettivo possessivo + le due ultime lettere dell'articolo determinativo. (R 37)
<u>Eccezioni</u>: gli aggettivi possessivi <u>sottolineati.</u>

<u>Espediente mnemonico</u>:

Mio padre pensa: guardando lo specchio mia moglie vede mia moglie, mio bambino vede mio bambino, i miei genitori vedono i miei genitori.
<u>Mein</u> Vater denkt: den Spiegel betrachtend sieht ***meine*** Frau *meine* Frau, sieht ***mein*** Kind *mein* Kind, sehen ***meine*** Eltern *meine* Eltern.
Vedi tabella 15, C 10. Stampa in neretto.

F Il pronome possessivo

m	f	n	pl
il mio	la mia	il mio/la mia i miei/le mie	
meiner	*meine*	**meines**	*meine* (m / n / f)
il tuo	la tua	il tuo/la tua i tuoi/le tue	
dein**er**	*deine*	dein**es**	*deine*
il suo	la sua	il suo/la sua i suoi/le sue	
m:seiner	*seine*	seines	*seine*
f: ihr**er**	*ihre*	ihr**es**	*ihre*
n: sein**er**	*seine*	sein**es**	*seine*
il nostro	la nostra	il/la nostro/a i nostri/lenostre	
unser**er**	*unsere*	unser**es**	*unsere*
il vostro	la vostra	il/la vostro/a i vostri/le vostre	
eur**er**	*eure*	eur**es**	*eure*
il loro	la loro	il/la loro	i loro/le loro
ihr**er**	*ihre*	ihr**es**	*ihre*
Il Loro	la Loro	il/la Loro	i Loro / le Loro
Ihr**er**	*Ihre*	Ihr**es**	*Ihre*

A: Ecco la mia amica. Hier ist *meine* Freundin.

B: Ecco la mia. Hier ist *meine.*

A: Ecco i miei fratelli, i miei bambini, le mie sorelle. Hier sind *meine* Brüder, *meine* Kinder, *meine* Schwestern.

B: Ecco i miei / le mie. Hier sind *meine.*

R In genere femminile e al plurale (m / n / f) gli aggettivi possessivi e i pronomi possessivi sono *uguali.*

A: Ecco il mio amoco. Hier ist mein Freund.

B: Ecco il mio. Hier ist mein**er**.

R L'aggettivo possessivo maschile + **er** > il pronome possessivo maschile, per esempio: mein + **er** > mein**er**

A: Ecco il mio libro. Hier ist mein Buch.

B: Ecco il mio. Hier ist mein**es**.

R L'aggettivo possessivo neutro + **-es** > il pronome possessivo neutro, per esempio: mein + **es** > mein**es**.

R La declinazione del pronome possessivo coincide con quella dell'aggettivo possessivo. Vedi tabella 11, C2.
Eccezioni:al genere maschile (nominativo: mein**er**)
al genere neutro (nominativo e accusativo: mein**es**)
Vedi tabella 15, C 10

Il pronome interrogativo welche/r/s (quale)

In tedesco il pronome interrogativo 'quale' si traduce con 'welche/r/s'. Si usa questo pronome quando la domanda si riferisce a una cosa / persona determinata. Si risponde sempre con l'articolo determinativo.

E   Quale libro hai letto? Welches Buch hast du gelesen? Ho letto il libro 'L'inglese in 10 giorni'. Ich habe das Buch 'L'inglese in 10 giorni' gelesen.

Tabella 12: <u>Declinazione del pronome welche/r/s</u>

	N	A	D	G
m	welche**r**	welche**n**	welche**m**	welche**s**
f	welch**e**	welch**e**	welche**r**	welche**r**
n	welche**s**	welche**s**	welche**m**	welche**s**
pl	welch**e**	welch**e**	welche**n**	welche**r**

Si forma la declinazione dell' aggettivo interrogativo con **l'ultima lettera dell'articolo determinativo.**
R **welche + l'ultima lettera dell'articolo determinativo (R42)** (welchee > welche) Vedi tabella 15, C 10

R Si usa il pronome interrogativo anche come pronome relativo:
E Il ragazzo che vede una bella ragazza. Der Junge, **welcher** ein schönes Mädchen sieht.

I pronomi dimostrativi

E   Quale ragazza è più bella: questa(qui) o quella (lì)? Welches Mädchen ist schöner:diese (hier) oder jene (dort)?
R Il pronome dimostrativo diese/r/s significa questo/a, jene/r/s significa quello/a.

56

Tabella 13: Declinazione dei pronomi dimostrativi

	N	A	D	G
m	die**r**	die**n**	die**m**	die**s**
f	die**e**	die**e**	die**r**	die**r**
n	die**s**	die**s**	die**m**	die**s**
Pl	die**e**	die**e**	die**n**	die**r**

R Si declinano i pronomi dimostrativi come segue:
   diese / jene + l'ultima lettera dell'articolo determinativo.
   (diesee > diese, jenee > jene)
    (**R 36**)
   Vedi Tabella 15, C 10

R Si possono usare gli articoli **der, die, das** come pronomi
   dimostrativi. (**R 40**)
E Questo è un vino che viene dalla Toscana: questo è
   molto buono. Das ist ein Wein, der aus der Toscana
   kommt; **der** ist sehr gut.

F I pronomi relativi

Tabella 14: Declinazione dei pronomi relativi

	N	A	D	G
m	der	den	dem	des-**sen**
f	die	die	der	der-**en**
n	das	das	dem	des-**sen**
Pl	die	die	den-**en**	der-**en**

R Si declina il pronome relativo come l'articolo
determinativo. (**R38**)
Eccezioni. Il pronome ha la desinenza **-sen**   (G m, n) e **-en**
(G f, Pl e D Pl).
Vedi Tabella 15, C10.

57

Espediente mnemonico:
Incontro il signore Celli che conosco e la cui amica e il cui amico e i cui fratelli e i cui amici con cui facciamo una festa.
Ich treffe Herr Celli, den ich kenne und des-**sen** Freundin und de-**ren** Freund und des-**sen** Brüder und de-**ren** Freunde, mit den-**en** wir ein Fest feiern.

F I pronomi interrogativi 'wer'/ chi e 'was' /che

R   Si declinano i pronomi interrogativi 'wer' e 'was' come i pronomi relativi sostituendo al genere m e n **d** per **w**.
(**R 43**)

	N	A	D	G
m	**d**er/*wer*	**d**en/**w**en	**d**em/**w**em	**d**essen /**w**essen
n	**d**as/*was*	**d**as/**w**as		

Vedi Tabella 15, C10.
Si usano i pronomi interrogativi ‚wer' e ‚was' anche come ***pronomi relativi***, per esempio:
Questo è quello che sto cercando. Das ist das, **was** ich suche.

F La frequenza / die Häufigkeit

mai	niemals (<u>nii</u>-mals)
talvolta	manchmal (<u>manch</u>-maal)
spesso	oft (oft)
per lo più	meistens (<u>mai</u>-sténs)
sempre	immer (<u>i</u>-mer)

F Locuzioni importanti
può / können Sie mir (<u>kö</u>-nen sii miir) …
spiegarmi / erklären (èr-<u>klèè</u>-ren), far venirmi / bestellen (bé-<u>sté</u>-len), raccommandarmi / empfehlen (em-<u>pfèè</u>-len), procurarmi / besorgen (bé-<u>sor</u>-ghen), mostrarmi / zeigen (<u>tsai</u>-ghen), aiutarmi / helfen (<u>h'èl</u>-fen), darmi / geben (<u>ghèè</u>-ben) portarmi /bringen (<u>brin</u>-ghen), noleggiarmi/ ausleihen (<u>aus</u>-laien) chiamarmi un taxi (ain taxi <u>ruu</u>-fen)?

58

Arrivo all'albergo / Ankunft im Hotel

Luogo: un albergo a Monaco
Tino T, Gina G, la loro figlia Nora N, Signore H

T   Buona sera, il mio nome è Tino Baci. Guten Abend, mein Name ist Tino Baci (<u>guu</u>-ten <u>aa</u>-bend main <u>naa</u>-me ist).

H   Piacere. Sehr erfreut (sèèr èr-<u>froit</u>).

T   Abbiamo bisogno di una camera doppiae una camera singola per nostra figlia. Wir benötigen ein Doppelzimmer und ein Einzelzimmer für **unsere** Tochter (viir be-<u>nöö</u>-tighen ain <u>do</u>-peltsimer und ain <u>ain</u>-tsel- tsimer füür <u>un</u>-sere <u>toch</u>-ter).

H   Quanto vi fermate? Wie lange bleiben Sie (vii <u>lan</u>-ghe <u>blai</u>-ben sii)?

T   Una settimana. Eine Woche (<u>ai</u>-ne <u>vo</u>-che).

H   Avete fortuna. Sie haben Glück (sii <u>h'aa</u>-ben glük). Benché siamo in alta stagione, ci sono ancora alcune camere libere. Obwohl wir uns in der Haupt- saison befinden, gibt es noch einige freie Zimmer (ob-<u>vool</u> viir uns in dèèr <u>h'aupt</u>-sèsoo be-<u>fin</u>-den ghibt és noch <u>ai</u>-nighe <u>frai</u>-e <u>tsi</u>-mer). Ci sono due camere con bagno, balcone e vista sulle montagne. Es gibt zwei Zimmer mit Bad, Balkon und Sicht auf die Berge (és ghibt tsvai <u>tsi</u>-mer mit baad bal-<u>koon</u> und sicht auf dii <u>bèr</u>-ghe).

G   Quanto costano il pernottamento e la colazione, la mez- za pensione e la pensione completa? Wie viel kosten eine Übernachtung mit Frühstück, Halbpension und Vollpension (vii viil <u>kos</u>-ten <u>ai</u>-ne übèr-<u>nach</u>- tungk mit <u>früü</u>-shtük <u>h'alb</u>-pension und <u>fol</u>-pension)?

H   Ecco la lista dei prezzi. Hier ist die Preisliste (hiir ist dii <u>prais</u>-liste).

G   È troppo caro. Das ist zu teuer (daas ist tsu <u>toi</u>-er). Ha qualcosa più economica? Haben Sie etwas Billigeres (<u>h'aa</u>-ben sii étvas <u>bi</u>-lighères)?

H   Abbiamo due camera con doccia. Wir haben zwei Zim- mer mit Dusche (viir <u>h'aa</u>-ben tsvai <u>tsi</u>-mer mit

<u>du</u>-shé).

G   Potremmo vederle? **Könnten** wir sie sehen? (<u>kön</u>-ten viir sii <u>sè</u>-h'en)?

H   Volentieri. Sehr gern (sèèr ghèrn). Le camere sono al terzo piano. Die Zimmer sind im dritten Stock (dii <u>tsi</u>-mer sind im <u>dri</u>-ten shtok). Ecco l'ascensore. Hier ist der Aufzug (hiir ist dèèr <u>auf</u>-tsuugk).
Dopo la visita. Nach der Besichtigung.

G   Va bene, prendiamo le camere. Gut, wir nehmen die Zimmer (guut viir <u>néé</u>-men dii <u>tsi</u>-mer).

H   Per favore compili questo modulo d'iscrizione. Füllen Sie bitte **dieses** Anmeldeformular aus (<u>fü</u>-len sii <u>bi</u>-té <u>dii</u>-ses <u>an</u>-mèldeformulaar aus). Per favore firmi qui. Bitte unterschreiben Sie hier (<u>bi</u>-té unter-<u>shrai</u>-ben sii h'iir).

T   C'è qualcuno che può portare *su* le nostre valige? Gibt es jemand, **der** die Koffer *hinauf* tragen kann (ghibt és <u>iéé</u>-mand dèèr dii <u>ko</u>-fèr h'i-<u>nauf</u>-traaghen kan)?

H   Chiamo un cameriere. Ich rufe einen Kellner (ich <u>ruu</u>-fe <u>ai</u>-nen <u>kèl</u>-ner). Ecco tutte e due le chiavi. Hier sind die zwei Schlüssel (h'iir sind dii tsvai <u>shlü</u>-sel).

G   A che ora si può fare colazione? Um wie viel Uhr kann man frühstücken (um <u>vii</u> fiil uur kan man <u>früü</u>-stü-ken)?

H   Fra le sette e le dieci. Zwischen sieben und zehn Uhr (<u>tsvi</u>-shen <u>sii</u>-ben und tséén uur). Il ristorante è in fondo al corridoio. Das Restaurant ist am Flurende (daas rè-stoo-<u>rannt</u> ist am fluur-<u>én</u>-de).

T   Ci può svegliare alle otto? Können Sie uns um acht Uhr wecken (<u>kön</u>-en sii uns um acht uur <u>vé</u>-ken)?

H   Volontieri. Sehr gern (sèèr ghèrn). Buone vacanze. Schöne Ferien (<u>shöö</u>-ne <u>fé</u>-rien)!
Dopo una settimana bellissima. Nach einer sehr schönen Woche.

T   Partiamo oggi. Wir reisen heute ab (viir <u>rai</u>-sen h'oi-te ab). A che ora si deve uscire delle camere? Bis wann müssen wir die Zimmer verlassen (bis van <u>mü</u>-sen viir dii <u>tsi</u>-mer ver- <u>la</u>-sen)?

H   Fino alle dieci. Bis um zehn Uhr (bis um tséén uur).

60

T Posso pagare il conto?. Kann ich die Rechnung zahlen? (kan ich dii rèch-nungk tsaa-len)?

H Il conto è pronto. Die Rechnung ist fertig (dii rèch-nungk ist fèr-tigk).

T Arrivederci, era un soggiorno molto piacevole. Auf Wiedersehen, **das** war ein sehr angenehmer Aufenthalt (auf vii-dèrsèh'en daas waar ain sèèr an-ghénéémer auf-enth'alt).

G È stata una settimana meravigliosa. Es ist eine wunderbare Woche gewesen (és ist ai-ne vun-dèrbaare vo-che ghé-wèè-sen).

N Ciao era mega fantastico. Tschüß, es war mega fantastisch (tshüss és vaar méga fan-ta-stish).

H È stato un piacere conoscervi. Es war mir ein Vergnügen, Sie kennen zu lernen (és vaar miir ain fèr-gknüü-ghen sii ké-nen tsu lèr-nen). Spero che ci rivediamo l'anno prossimo. Ich hoffe, dass wir uns nächstes Jahr wieder sehen (ich h'o-fe das viir uns nèk-stes iaar vii-der sè-h'en). Buon ritorno. Gute Heimreise (guu-te h'aim-raise).

D35: **unsere** uguale con che altro aggettivo possessivo **R35**: C8 **D36**: **dieses** regola della declinazione dei aggettivi dimostrativi? **R36**: C8 **D37**: **meine** come si declina l'aggettivo possessivo ? **R37**: C8

F **D38**: **der** come si declinano i pronomi relativi? **R38**: C8 **D39**: **könnten** che esprime il Konjunktiv? **R 39**: C6 **D40**: si usa **das** come che pronome? **R40**:C8

Vi prego di imparare le parole da ritardo a tazza.

61

Nono giorno

F Lo spazio / der Raum

attraverso	**durch**(durch)
all'interno	**innerhalb** (i-nerh'alb)
fuori	**außerhalb** (au-ssèrh'alb)
davanti	**vor** (foor)
dietro	**hinter** (h'in-tèr)
accanto	**neben** (nèè-ben)
vicino	**in der Nähe** (in dèèr nèè-h'e)
di fronte	**gegenüber** (ghéghen-üü-bèr)

F L'arrivo / die Ankunft

Sono arrivato ...   **Ich bin angekommen ...**

sette giorni fa	vor sieben Tagen (foor sii-ben taa-ghen)
l'altro ieri	vorgestern (foor-ghéstern)
ieri	gestern (ghé-stern)
oggi	heute (h'oi-te)
Sto arrivando.	Ich komme gerade an.
	(ich ko-me ghé-raa-de an)

F La partenza / die Abreise

Sto per partire. Ich werde gleich abreisen (ich vèrde glaich ab-raisen).

parto ...   **Ich reise ab ...**

subito	sofort (so-fort)
fra due ore	in zwei Stunden (in tsvai shtun-den)
stamattina	heute Vormittag (h'oi-te foor-mitaag)
oggi pomeriggio	heute Nachmittag (h'oi-te nach-mitaag)
stasera	heute Abend (h'oi-te aa-bend)
stanotte	heute Nacht (h'oi-te nacht)
domani	morgen (mor-ghen)

Al ristorante / Im Restaurant

Luogo: Ristorante a Monaco
Gina G, Tino T, Nora N, cameriera C

T Mi chiamo Tino Bacci. Ich heiße Tino Bacci (ich h'<u>ai</u>-sse). Ho riservato una tavola per tre persone. Ich habe einen Tisch für drei Personen reserviert (ich <u>h'aa</u>-be <u>ai</u>-nen tish füür drai pèr-<u>soo</u>-nen résèr<u>viirt</u>).

C Quel tavolo. Dieser Tisch (<u>dii</u>-sèr tish). Si sieda prego. Bitte setzen Sie sich (<u>bi</u>-té <u>se</u>-tsen sii sich). Ecco il menù e la lista delle bevande. Hier ist die Speisekarte und die Getränkekarte (hiir ist dii <u>spai</u>-sekarte und dii ghé-<u>trèn</u>-kekarte). Vogliono un aperitivo? Wollen Sie einen **Aperitif** (<u>vol</u>-en sii <u>ai</u>-nen apéri-<u>tif</u>)?

G Un bicchiere di spumante con succo d'arancia. Ein Glas Sekt mit Orangensaft (ain glaas sèkt mit o-<u>ran</u>-shensaft).

N Un aperitivo analcolico. Einen **alkoholfreien** Aperitif (<u>ai</u>-nen alko-<u>h'ool</u>-fraien apéri-<u>tif</u>).

T Un bicchiere di champagne. Ein Glas Champagner (ain glaas sham-<u>pan</u>-ièr).
Dopo l'aperitivo. Nach dem Aperitif.

C Che cosa desiderano da bere? Was wünschen Sie zu trinken? (vaas <u>vün</u>-shen sii tsu <u>trin</u>-ken)?

G Per me un bicchiere di vino bianco. Für mich ein Glas Weißwein (füür mich ain glaas <u>vaiss</u>-vain).

N Per me un succo di frutta. Für mich einen Fruchtsaft (<u>ai</u>-nen <u>frucht</u>-saft).

T Una birra alla spina. Ein Bier vom Fass (ain biir fom fas).

C Quale antipasto desiderano? Welche Vorspeise wünschen Sie (<u>vél</u>-che <u>foor</u>-shpaise <u>vün</u>-shen sii)?

T Melone e prosciutto. Melone und Schinken (mé-<u>loo</u>-ne und <u>shin</u>-ken).

N Una zuppa di verdura. Eine Gemüsesuppe (<u>ai</u>-ne ghé-<u>müü</u>-sesupé).

G Insalata di pasta. Nudelsalat (<u>nuu</u>-delsalat).

C Quale piatto principale desiderano? **Was** möchten Sie

63

als Hauptgericht (vaas <u>möch</u>-ten sii als <u>h'aupt</u>-ghé-richt)?

N Vorrei un piatto vegetariano. Ich möchte ein vegetarisches Gericht (ich <u>möch</u>-te ain véghé-<u>taa</u>- rishes ghé-<u>richt</u>). Quale piatto può raccomandarmi? **Welches** Gericht können Sie mir empfehlen (<u>vél</u>-ches ghé-<u>richt</u> <u>kö</u>-nen sii miir em-<u>pfèè</u>-len)?

C Patate con verdura. Kartoffeln mit Gemüse (kar-<u>to</u>-feln mit ghé-<u>müü</u>-se).

T Per me arrosto di maiale con knödel. Für mich Schweinebraten mit Knödel (füür mich <u>shvai</u>-nebraaten mit <u>knöö</u>-del).

G Vorrei bistecca e insalata mista. Ich möchte Steak und gemischten Salat (ich möchte stèèk und ghé-<u>mish</u>-ten sa-<u>laat</u>).

C La bistecca al sangue, a puntino o ben cotta? Das Steak blutig, halb gar oder durchgebraten   (daas stèèk <u>bluu</u>-tigk <u>h'alb</u>-gaar <u>o</u>-dèr <u>durch</u>-ghébraaten)?

G A puntino. Halb gar (<u>h'alb</u>-gaar).

C Quale salsa per l'insalata? Welche Salatsoße (<u>vél</u>-che sa-<u>laat</u>-soosse)?

G Salsa italiana. Italienische Soße (itali-é-nishe <u>soo</u>-sse).
   Dopo il piatto principale. Nach dem Hauptgericht.

C Desiderano un dessert? Wünschen Sie ein Dessert (<u>vün</u>-shen sii ain de-<u>sèèr</u>)?

T Che gusti avete? Welche Eissorten haben Sie (<u>vél</u>-che <u>ais</u>-sorten <u>h'aa</u>-ben sii)?

N Vaniglia, lampone, fragola, noce e albicocca. Vanille, Himbeere, Erdbeere, Walnuss und Aprikose (va-<u>ni</u>-lé <u>h'im</u>-béére <u>èrd</u>-béére <u>val</u>-nus und apri-<u>koo</u>-se).

T Un gelato misto con panna. Ein gemischtes Eis mit Sahne (ain ghé-<u>mish</u>-tes ais mit <u>saa</u>-ne).

G Che torte avete? Welche Kuchen haben Sie (<u>vel</u>-che <u>kuu</u>-chen <u>h'aa</u>-ben sii)?

C Dolce di frutta e torta di mele. Obstkuchen und Apfelkuchen (<u>obst</u>-kuuchen und <u>ap</u>-felkuuchen).

G Una torta di mele e un caffè. Einen Apfelkuchen und einen Kaffee (<u>ai</u>-nen <u>ap</u>-felkuuchen und <u>ai</u>-nen <u>ka</u>-féé)

N Strudel con salsa alla vaniglia e un tè. Apfelstrudel mit

Vanillesoβe und einenTee (<u>ap</u>-felstruudel mit va-<u>ni</u>-lésoossé und <u>ai</u>-nen téé).
Dopo il pranzo molto buono. Nach dem sehr guten Mit-tagessen.

G Il pranzo è stato eccellente. Das Mittagessen war her-vor ragend (daas <u>mi</u>-taagessen vaar h'èr-<u>foor</u>-raa-ghend). Faccia i nostri complimenti allo chef. **Richten** Sie dem *Koch* unsere Komplimente **aus** (<u>rich</u>-ten sii déém koch <u>un</u>-sère kompli-<u>mén</u>-te aus.)

T Il conto, per favore. Die Rechnung bitte (dii <u>rèch</u>-noungk <u>bi</u>-té).Tenga pure il resto. Behalten Sie den Rest (bé-<u>h'al</u>-ten sii den rèst).

D41: einen **alkoholfreien**: regola della declinazione?
R41: C4   **D42**: **welches** come si declinano gli aggettivi interrogativi? **R42**: C8

F **D43**: **was** come si declinano i pronomi interrogativi?
R43: C8   **D44 Richten … aus**   regola? **R44**: C6

F <u>Locuzioni importanti</u>

vorrei / ich möchte (ich <u>möch</u>-te) scendere / aussteigen (<u>aus</u>-shtaighen), pagare / zahlen (<u>tsaa</u>-len), portare via / mitnehmen (<u>mit</u>-néémen), denunziare un furto / einen Diebstahl anzeigen (<u>ai</u>-nen <u>diib</u>-staal <u>an</u>-tsaighen), depo-sitare nella cassa forte / im Safe deponieren (im sééf dépo-<u>nii</u>-ren), fissare un appuntamento / einen Termin vereinbaren(<u>ai</u>-nen tèr-<u>min</u> fèr-<u>ain</u>-baaren) visitare / be-sichtigen (bé-<u>sich</u>-tighen).

Vestito: La mia taglia è / meine Grösse ist (<u>mai</u>-ne <u>gröö</u>-sse <u>ist</u>). Scarpa: Il mio numero è / meine Schuhgröße ist (<u>mai</u>-ne <u>shuu</u>-gröösse ist). Ho bisogno di / ich brauche (ich <u>brau</u>-che), non funziona / è rotto/a … funktioniert nicht / ist kaputt (funktsio-<u>niirt</u> nicht ist ka-<u>put</u>). Si può ripararlo? / kann man es reparieren (kan man és repa-<u>rii</u>-ren)? Quando è pronto wann ist es fertig (van ist és <u>fèr</u>-tigk)? … è compreso nel prezzo? / ist … im Preis inbegriffen (ist im prais <u>in</u>-bégrifen)? La disturba se … stört es Sie, wenn … (shtöört és sii vénn)?

Vi prego di imparare le parole da tè a <u>zucchero.</u>

65

Decimo giorno

Farsi capire

Lei parla italiano? Sprechen Sie italienisch (<u>shprè</u>-chen sii itali-<u>é</u>-nish)? Non capisco. Ich verstehe nicht (ich fèr- <u>shté</u>-h'e nicht). Può ripeterlo e parlare più lentamente? Können Sie es wiederholen und langsamer sprechen (<u>kön</u>-en sii és viidèr-<u>hoo</u>-len und <u>lang</u>-samer <u>shprè</u>-chen)? Può sillabarlo? Können Sie es buchstabieren (<u>kön</u>-en sii és buchsta-<u>bii</u>-ren)? Può scriverlo? Können Sie es aufschreiben (<u>kön</u>-en sii és <u>auf</u>-shrai-ben)? Può tradurrlo? Können Sie es übersetzen (<u>kön</u>-en sii és übèr-<u>sé</u>-tsen)? Come si chiama questo in Tedesco? Wie heißt das auf Deutsch (vii haisst daas auf doitsh)? Che significa … Was bedeutet … (vaas bé-<u>doi</u>-tet)? Lei ha capito? Haben Sie verstanden (h'<u>aa</u>-ben sii fèr-<u>stan</u>-den)?

F <u>Nei grandi magazzini</u>

Posso aiutarla? Kann ich Ihnen helfen (kan ich <u>ii</u>-nen h'<u>èl</u>-fen)*?* No, grazie, do solo un'occhiata. Nein, danke, ich schaue mich nur um (nain <u>dan</u>-ke ich <u>shau</u>-e mich nuur um). Mi piace; lo prendo Das gefällt mir; ich nehme *es* (daas ghé-<u>fèlt</u> miir ich <u>néé</u>-me és). Posso pagare con questa carta di credito? Kann ich mit dieser Kreditkarte bezahlen (kan ich mit <u>dii</u>-ser kré-<u>dit</u>-karte bé-<u>tsaa</u>-len)? Posso avere lo scontrino? Kann ich den Kassenzettel haben (kan ich déén <u>ka</u>-sentsètel h'<u>aa</u>-ben)?

F <u>Dopo un incidente</u>

C'è stato un incidente. Es hat einen Unfall gegeben (és h'at <u>ai</u>-nen <u>un</u>-fal ghé-<u>ghèè</u>-ben). Chiami un'ambulanza e la polizia. Rufen Sie einen Krankenwagen und die Polizei (<u>ruu</u>-fen sii <u>ai</u>-nen <u>kran</u>-kenvaaghen und dii poli-<u>tsai</u>). Ho bisogno del Suo nome, del Suo indirizzo e del nome della Sua assicurazione. Ich benötige Ihren Namen, Ihre Adresse und den Namen Ihrer Versicherung (ich be-<u>nöö</u>-tighe iiren <u>naa</u>-men <u>ii</u>-re a-<u>drè</u>-se und den naa-men iihrer fèr-<u>sich</u>-erungk).

Preposizioni

E Verso il tempo della campagna elettorale, il padre di Sofia viaggia per il paese senza perdere il coraggio, per tenere dei discorsi per il candidato A e contro il candidato B.

Um die Zeit des Wahlkampfes fährt der Vater von Sofia **durch** das Land (1), **ohne** den Mut zu verlieren um **für** den Kandidaten A und **gegen** den Kandidaten B Reden zu halten.

R Preposizione + accusativo: **um, durch, ohne, für, gegen.**

R Rispondendo alla domanda 'wohin?' (dove) alla preposizione segue il sostantivo declinato all'accusativo. (1)

E Sofia viene in treno dalla Toscana. Ho comprato fiori da un fioraio e aspetto da un'ora sul marciapiede. Dopo il suo arrivo andiamo da alcuni amici per fare da loro una festa.

Sofia kommt **mit** dem Zug **aus** der Toscana. Ich habe Blumen **von** einem Blumenhändler gekauft und warte **seit** einer Stunde **auf** dem Bahnsteig. (2) **Nach** ihrer Ankunft gehen wir **zu** einigen Freunden, um **bei** ihnen ein Fest zu feiern.

R Preposizione + dativo: **mit, aus, von, seit, auf, nach, zu, bei.**

R Rispondendo alla domanda 'wo?' (posizione in cui si trova qualcosa) il sostantivo dopo la preposizione è declinato al dativo. (2)

E A causa della pila scarica, Sofia non è stata in grado di informarmi durante il viaggio che, invece dell'orario, ci sarà uno sciopero e lei arriverà più tardi in seguito allo sciopero. Nonostante il ritardo, è stata una bella festa.

Wegen des leeren Akkus konnte Sofia mich **während** der Reise nicht informieren, dass es **statt** des Fahrplans einen Streik gibt und sie **infolge** des Streikes später ankommen wird. **Trotz** der Verspätung war es ein schönes Fest.

R Preposizione + genitivo: **wegen, während, statt, infolge, trotz.**

67

Tabella 15: Derivazione delle declinazioni

	N	A	D	G
m	(der)	den	dem	des
f	(die)	(die)	der	der
n	(das)	(das)	dem	des
Pl	(die)	(die)	den	der

A **Derivazione delle declinazioni senza le parole fra parentesi**.

1. L'articolo indeterminativo: **ein** + **le due ultime lettere dell'articolo determinativo**. Espediente mnemonico per le parole fra parentesi: **Ein** Mann denkt: den Spiegel betrachtend , sieht **eine** Frau <u>eine</u> Frau, sieht **ein** Mädchen <u>ein</u> Mädchen

2 L'aggettivo possessivo (per es. **mein**) + **le due ultime lettere dell'articolo determinativo**. Espediente mnemonico per le parole fra parentesi: **Mein** Vater denkt: Den Spiegel betrachtend, sieht **meine** Frau <u>meine</u> Frau, sieht **mein** Kind <u>mein</u> Kind, sehen **meine** Eltern <u>meine</u> Eltern.
La declinazione del pronome possessivo coincide con quella dell'aggettivo possessivo.
Eccezioni: al genere m (N mein**er**) al genere n (N e A mein**es**).
Nominativo: **meiner**, meine, **meines**, meine

B **Derivazione delle declinazioni con le parole fra parentesi**.

1 Il pronome interrogativo: welche + l'ultima lettera dell'articolo determinativo. (welchee > welche)

2 Il pronome dimostrativo: diese / jene + l'ultima lettera dell'articolo determinativo (diesee > diese, jenee> jene)

3 Il pronome relativo: come l'articolo determinativo.
Eccezioni:Desinenza **-sen** (G m n) desinenza **-en** (G f Pl D Pl)

4 Si declinano i pronomi interrogativi **wer/was** come i pronomi relativi sostituendo al genere m / n **d** per **w**.

68

F Quando si è malati ... wenn man krank ist

C'è una farmacia / un dottore qui vicino? Gibt es in der Nähe eine Apotheke / einen Arzt (ghibt és in dèèr nèè-h'é ai-ne apo-téé-ke ai-nen artst)?

Je suis ...   **Ich bin** ...

allergico a   allergisch gegen (a-lèr-ghish ghéé-ghen)
vaccinato contro   geimpft gegen (ghé-impft ghéé-ghen)
caduto   gestürzt (ghé-shtürtst)
incinta di .. mesi im .. Monat schwanger (moo-nat shvan-gher)
diabetico   Diabetiker (dia-béé-tiker)

Ho ...   **Ich habe** ...

il mal di testa   Kopfschmerzen (kopf-shmèrtsen)
il mal d'orecchie   Ohrenschmerzen (oo-renshmèrtsen)
il mal di gola   Halsschmerzen (h'als-shmèrtsen)
il mal di schiena   Rückenschmerzen (rü-kenshmèrtsen)
il mal di stomaco   Magenschmerzen (maa-ghenshmèrtsen)
il mal di pancia   Bauchschmerzen (bauch-shmèrtsen)
un raffredore   eine Erkältung (ai-ne èr-kèl-tungk)
la febbre   Fieber (fii-ber)
la tosse   Husten (h'uus-ten)
un' indigestione   eine Verdauungsstörung (ai-ne fèr-dau-ungs-shtöörungk)
la diarrea   Durchfall (durch-fal)
vomitato   mich übergeben (mich übèr-ghèè-ben)
la pressione alta/ bassa   einen hohen / niedrigen Blut-druck (ai-nen h'oo-en nii-drighen bluut-druk)
la nausea   Brechreiz (brèch-raits)
i disturbi circolatori   Kreislaufstörungen (krais-lauf-shtöörunghen)
i dolori qui   Es tut hier weh (és tuut h'iir véé).
Prendo queste medicine regolarmente. Ich nehme diese Medikamente regelmäßig (ich néé-me dii-se médika-mén-té ré-ghelmèèsigk).

69

F Verbi irregolari I

Gruppo 1

L'infinito	3.pers. del Sg	preterito	Ausiliare + participio passato	traduzione
a	**ä**	**ie/i**	**a**	
laufen	läuft	lief	ist gelaufen	correre
blasen	bläst	blies	hat geblasen	soffiare

Espediente mnemonico:

Ti chiedodi fermarti e lasciare l'auto nel parcheggio perché voglio dormire un po'.
Fermarsi / **halten**, lasciare / **lassen**, dormire / **schlafen**
Voglio consigliarti: catturare l'animale è pericoloso. Si può cadere.
consigliare / **raten**, catturare / **fangen**, cadere / **fallen**

Trovi la 3. persona Sg, il preterito e il participio passato dei verbi del gruppo1. Soluzioni > Verbi irregolari II

Gruppo 2

a	**ä**	**u**	**a**	
graben	gräbt	grub	hat gegraben	scavare
schlagen	schlägt	schlug	hat geschlagen	battere
wachsen	wächst	wuchs	ist gewachsen	crescere

Espediente mnemonico:
Voglio caricare il bucato sulla macchina. Non devo portarlo e posso guidare.
caricare / **laden**, bucato > lavare / **waschen**, portare / **tragen**, guidare / **fahren**
Trovi la 3. persona Sg, il preterito e il participio passato dei verbi del gruppo 2. Soluzioni > Verbi irregolari II

Gruppo 3

e	i	a	e	
geben	gibt	gab	hat gegeben	dare
messen	misst	maß	hat gemessen	misurare
treten	tritt	trat	ist getreten	mettersi

E Non <u>dimenticare</u>: Si deve <u>mangiare</u> il menù, non <u>divorare</u>.

dimenticare / **vergessen**, mangiare / **essen**, divorare / **fressen**

Trovi la 3. p. Sg, il preterito e il participio passato.

Gruppo 4

e	i	a	o	
erschrecken	erschrickt	erschrak	isterschrocken	spaventarsi
nehmen	nimmt	nahm	hat genommen	prendere
stechen	sticht	stach	hat gestochen	pungere
sterben	stirbt	starb	ist gestorben	morire
werfen	wirft	warf	hat geworfen	gettare

E Voglio <u>incontrare</u> la madre di Paolo e chiederle di <u>aiutar</u> mi e di <u>parlare</u> con Paolo. Se annulla il fidanzamento, può <u>spezzar</u>mi il cuore.

incontrare / **treffen**, aiutare / **helfen**, parlare / **sprechen**, spezzare / **brechen**

Trovi la 3. p. Sg, il preterito e il participio passato.

Gruppo 5

e	ie	a	e	
lesen	liest	las	hat gelesen	leggere
sehen	sieht	sah	hat gesehen	vedere
geschehen	geschieht	geschah	ist geschehen	succedere

Gruppo 6

e	ie	a	o	
befehlen	befiehlt	befahl	hat befohlen	comandare
empfehlen	empfiehlt	empfahl	hat empfohlen	raccomandare
stehlen	stiehlt	stahl	hat gestohlen	rubare

71

F Verbi irregolari II

beginnen	beginnt	begann	hat begonnen	iniziare
biegen	biegt	bog	hat gebogen	piegare
bieten	bietet	bot	hat geboten	offrire
bitten	bittet	bat	hat gebeten	pregare
bleiben	bleibt	blieb	ist geblieben	restare
brechen	bricht	brach	hat gebrochen	rompere
brennen	brennt	brannte	hat gebrannt	bruciare
bringen	bringt	brachte	hat gebracht	portare
denken	denkt	dachte	hat gedacht	pensare
essen	isst	aß	hat gegessen	mangiare
fahren	fährt	fuhr	ist gefahren	andare
fallen	fällt	fiel	ist gefallen	cadere
fangen	fängt	fing	hat gefangen	afferrare
finden	findet	fand	hat gefunden	trovare
fliegen	fliegt	flog	ist geflogen	volare
fressen	frisst	fraß	hat gefressen	mangiare
gehen	geht	ging	ist gegangen	andare
gewinnen	gewinnt	gewann	hat gewonnen	guadagnare
haben	hat	hatte	hat gehabt	avere
halten	hält	hielt	hat gehalten	fermarsi
hängen	hängt	hing	hat gehangen	pendere
heißen	heißt	hieß	hat geheißen	chiamarsi
helfen	hilft	half	hat geholfen	aiutare
kennen	kennt	kannte	hat gekannt	conoscere
kommen	kommt	kam	ist gekommen	venire
laden	lädt	lud	hat geladen	caricare
lassen	lässt	ließ	hat gelassen	lasciare
leihen	leiht	lieh	hat geliehen	prestare
liegen	liegt	lag	hat gelegen	stare sdraiato
nennen	nennt	nannte	hat genannt	nominare
raten	rät	riet	hat geraten	consigliare
rennen	rennt	rannte	ist gerannt	correre
rufen	ruft	rief	hat gerufen	chiamare
scheinen	scheint	schien	hat geschienen	splendere
schieben	schiebt	schob	hat geschoben	spingere
schlafen	schläft	schlief	hat geschlafen	dormire
schließen	schließt	schloss	hat geschlossen	fermare

schneiden	schneidet	schnitt	hat geschnitten	tagliare
schreiben	schreibt	schrieb	hat geschrieben	scrivere
schwimmen	schwimmt	schwamm	geschwommen	nuotare
sein	ist	war	ist gewesen	essere
singen	singt	sang	hat gesungen	cantare
sitzen	sitzt	saß	hat gesessen	sedere
sprechen	spricht	sprach	hat gesprochen	parlare
springen	springt	sprang	ist gesprungen	saltare
stehen	steht	stand	hat gestanden	stare
steigen	steigt	stieg	ist gestiegen	salire
stoßen	stößt	stieß	hat gestoßen	colpire
streiten	streitet	stritt	hat gestritten	dibattere
tragen	trägt	trug	hat getragen	portare
treffen	trifft	traf	hat getroffen	incontrare
trinken	trinkt	trank	hat getrunken	bere
tun	tut	tat	hat getan	fare
verbieten	verbietet	verbat	hat verboten	vietare
vergessen	vergisst	vergaß	hat vergessen	dimenticare
verlieren	verliert	verlor	hat verloren	perdere
waschen	wäscht	wusch	hat gewaschen	lavare
werden	wird	wurde	ist geworden	diventare
wissen	weiß	wusste	hat gewusst	sapere
ziehen	zieht	zog	hat gezogen	tirare

Verbi modali

dürfen	darf	durfte	hat gedurft	potere
können	kann	konnte	hat gekonnt	potere
mögen	mag	mochte	hat gemocht	volere
müssen	muss	musste	hat gemusst	dovere
sollen	soll	sollte	hat gesollt	dovere
wollen	will	wollte	hat gewollt	volere

73

F <u>Parole 'falsi amici'</u>

Ci sono in **tedesco** dei falsi amici, che sono simili alle *parole italiane* ma che hanno un altro senso.

alt / vecchio	*alto* / groß
der **Blitz** / il fulmine	il *blitz* / die Blitzaktion
der **Chef** / il capo	lo *chef* / der Chefkoch
die **Firma** / la ditta	la *firma* / die Unterschrift
kalt / freddo	*caldo* / warm
die **Kamera** / la macchina fotografica	la *camera* / das Zimmer
die **Kantine** / mensa	la *cantina* / der Keller
die **Karte** / la cartolina	la *carta* / das Papier
das **Kasino** / il casinò	il *casino* / das Bordell
komisch / strano	*comico* / lustig
der **Konkurs** / fallimento	il *concorso* / der Wettbewerb
der **Lampion** il lampioncino	il *lampione* / die Laterne
das **Magazin** / la rivista	il *magazzino* / das Lager
der **Mantel** / il cappotto	il *mantello* / der Umhang
die **Mappe** / la cartelina	la *mappa* / die Landkarte
morbide / marcio	*morbido* / weich
die **Nonne** / la suora	la *nonna* / die Oma
die **Peperoni**/il peperoncino	il *peperone* / die Paprika
polieren / lucidare	*pulire* / putzen
der, das **Sakko** / la giacca	il *sacco* / der Sack
spendieren / offrire	*spendere* / ausgeben
die **Spesen** / le spese	la *spesa* / der Einkauf
das **Stipendium** / la borsa di studio	lo *stipendio* / das Gehalt
die **Tapete** / la tappezzeria	il *tappeto* / der Teppich
der **Toast**/ la fetta di pane tostato	il *toast* / das getoastete Sandwich
die **Weste** / il gilet	la *veste* / das Gewand

Vocabolario

abbastanza genug ghe-nuugk
abbigliamento Kleidung   f
abitante Einwohner   m
abitare wohnen voo-nen
abito / Kleid klaid   n
accappatoio Bademantel   m
accendino Feuerzeug   n
accettare annehmen
accompagnare begleiten
aceto Essig e-sigk m
acqua Wasser va-ser   n
~ minerale Mineralwasser
~ potabile Trinkwasser
acquisto Einkauf ain-kauf m
adattatore Adapter   m
adesso jetzt iétst
aereo Flugzeug flug-tsoigk n
aeroporto Flughafen   m
affittare vermieten
affitto Miete mii-te   f
affresco Fresko n
agnello Lamm   n
agosto August au-gust   m
aiutare helfen h'èl-fen
aiuto Hilfe h'il-fe   f
albergo Hotel h'o-tèl   n
albero Baum   m
alcuni einige ai-nighe
allergia Allergie alèr-ghii f
almeno mindestens
altoparlante Lautsprecher
altri(e) andere an-dère
alzarsi aufstehen shté-h'en
amare lieben lii-ben
amaro bitter bi-ter

ambasciata Botschaft   f
ambulanza Krankenwagenm
amico(a) Freund(in) froind
analcolico alkoholfrei
anatra / Ente   f
anche auch
ancora noch
andare gehen ghé-h'en
andata e ritorno
hin und zurück tsu-rük
animale Tier tiir   n
annullare annullieren
antipasto Vorspeise   f
antichità Antiquität   f
aperitivo Aperitif   m
appartamento Wohnung   f
appuntamentoTermin   m
aprile April m
aprire öffnen
arancia Orange o-ran-she f
architettura
Architektur architèk-tuur   f
aria condizionata
Klimaanlage anlaaghe f
arrivare ankommen
arrivo Ankunft   f
arrosto Braten braa-ten   m
arte Kunst   f
artista Künstler(in)
ascensore Aufzug tsuugk   m
asciugamano Handtuch   n
aspettare warten
assaggiare schmecken
assicurazione Versicherung
assieme / zusammen

assorbente igienico Monatsbinde f
attendere warten
attenzione! Achtung! tungk
attraversare überqueren
augurio (Glück)wunsch m
autonoleggio Autoverleih m
autostrada Autobahn baan f
autunno Herbst m
avere haben h'aa-ben

B

bagaglio Gepäck ghé-päk n
deposito bagagli Gepäckaufbewahrung f
bagnino Bademeister m
bagno Bad baad n
balcone Balkon bal-koon m
ballare tanzen tan-tsen
bambino Kind n
banca Bank f
banconota Banknote noote f
barca Boot n
~ a remi Ruderboot
~ a vela Segelboot
batteria Batterie bate-rii f
benzina Benzin bén-tsiin n
bere drinken
bevanda Getränk ghé-trènk n
bicchiere Glas glaas n
bicicletta Fahrrad faa-raad n
biglietteria Fahrkartenschalter
biglietto Fahrkarte f
binario Gleis glais n
binocolo Fernglas n
biondo blond
birra Bier biir n

biscotto Keks kéks m
bisognare sollen
bistecca Steak stèèk n
blu blau
bocca Mund m
bombola del gas Gasflasche gaas-flashe f
borsellino Geldbeutel m
borsetta Handtasche f
bottiglia Flasche fla-shé f
apri ~ Flaschenöffner m
bottone Knopf m
braccio Arm m
burro Butter f
bussare klopfen
busta Briefumschlag m

C

caldo Hitze h'i-tse f
calzino Socke f
cambiare wechseln
cambio Geldwechsel m
camera doppia Doppelzimmer n
camera singola Einzelzimmer n
cameriera Zimmermädchen
camicetta Bluse bluu-se f
camicia Hemd h'émd n
campanello Klingel ghel f
campanile Glockenturm m
campeggiare zelten
campeggio Zelten n
candela Kerze kèr-tse f
cane Hund h'und m
canzone Lied liid n
capello Haar h'aar n
capire verstehen

76

capodanno Neujahr n	cioccolata Schokolade f
cappello Hut h'uut m	circa ungefähr un-ghefèèr
cappotto Mantel m	città Stadt f
carrello Kofferkuli m	~ vecchia Altstadt f
carne Fleisch flaish n	coincidenza Verbindung f
carta di credito Kreditkarte f	colazione Frühstück n
carta d'identità	colore Farbe f
Personalausweis m	coltello Messer n
cartolina Postkarte f	cominciare beginnen
casa Haus h'aus n	compleanno Geburtstag m
cassa Kasse f	completo Anzug -tsuugk m
cassaforte Tresor m	comprare kaufen
castello Schloss n	compreso inbegriffen
cattedrale Kathedrale f	confermare bestätigen -ghen
cavatappi Korkenzieher m	conoscere kennen
cavo Kabel kaa-bel n	contenere enthalten
celibe ledig léé-digk	conto Rechnung
cena Abendessen n	rèch-nungk f
centro Zentrum tsen-trum n	contorno Beilage f
~ storico Altstadt f	contratto Vertrag –traagk m
cercare suchen suu-chen	controllare kontrollieren
cerotto Pflaster n	coperta Decke f
certificato Urkunde f	coperto Gedeck n
certo sicher	corrente Strömung f
chef Chefkoch m	corso Kurs m
chiamare rufen ruu-fen	~ di sci Skikurs shii-.kurs m
chiamarsi heißen hai-ssen	costare kosten
chiave Schlüssel m	costo Preis prais m
chiedere fragen fraa-ghen	cotone Baumwolle f
chilometro Kilometer m	cotto gekocht
chiodo Nagel naa-ghel m	crema solare Sonnencreme f
chiudere schliessen	crociera Kreuzfahrt f
cielo Himmel h'i-mel m	crudo roh roo
cimitero Friedhof m	cuccetta Liegewagenplatz m
cintura Gürtel m	cucchiaino Teelöffel m

cucchiaio Esslöffel m
cucina Küche f
cucinare kochen
cugino(a) Cousin(e)
cuore Herz h'èrts n
curare (med) behandeln
custodire bewachen
D
danno Schaden m
dare geben ghè-ben
data Datum n
decisione Entscheidung f
denaro Geld ghèld n
dente Zahn tsaan m
dentifricio Zahnpasta f
dentista Zahnarzt m
dentro drinnen
denunciare anzeigen
descrivere beschreiben
desiderare wünschen
dessert Dessert n
deviazione Umleitung
um-laitungk f
di (che) als
diabete Diabetes m
diagnosi Diagnose -gknoose
diapositiva Dia(positiv) n
diarrea Durchfall m
dicembre Dezember m
diesel Dieselbenzin n
dieta Diät di-èèt f
dietro hinter
difficoltà Schwierigkeit f
dimenticare vergessen
dipingere malen maa-len

dire sagen saa-ghen
diretto direkt
direzione Richtung f
disturbare stören
dito Finger fin-gher m
diverso verschieden
doccia Dusche du-she f
dolore Schmerz m
domanda Frage fraa-ghe f
domani morgen mor-ghen
domenica Sonntag m
donna Frau f
dormire schlafen shlaa-fen
dottore Arzt aartst m
dovere müssen
durare dauern
E
economico billig bi-ligk
edicola Zeitungskiosk
tsai-tungskiosk m
elenco Liste f
elettrico elektrisch
elicottero Helikopter m
emergenza Notfall m
entrata Eingang m
ferrore Fehler fèè-ler m
esposizione Ausstellung f
espressione Ausdruck m
espressivo ausdrucksvoll
espresso Eilbrief ail-briif m
essere sein sain
est Osten m
estate Sommer m
età Alter n
Europa Europa oi-roo-paa

78

F
faccia Ge<u>sich</u>t n
<u>fame</u> Hunger <u>h'ung</u>her m
famiglia Fa<u>mi</u>lie f
<u>fare</u> <u>ma</u>chen
<u>farmacia</u> Apo<u>the</u>ke f
fattore di protezione
<u>Schutz</u>faktor m
<u>favore, per</u> ~ bitte <u>bi</u>-té
febbraio <u>Fe</u>bruar m
felice <u>glück</u>lich
<u>fermare</u> <u>an</u>halten
<u>fermata</u> <u>Hal</u>testelle f
<u>festa</u> Fest f
<u>fetta</u> Scheibe <u>shai</u>-be f
fiammifero <u>Streich</u>holz n
<u>fiera</u> Markt m
<u>figlia</u> <u>Toch</u>ter f
<u>figlio</u> Sohn soon m
<u>fine</u> <u>En</u>de n
finestra <u>Fens</u>ter n
fiore Blume <u>bluu</u>-me f
firma <u>Un</u>terschrift f
<u>firmare</u> <u>un</u>terschreiben
fiume Fluss m
flusso Flut fluut f
<u>fontana</u> <u>Brun</u>nen m
forbicina per unghie
Nagelschere <u>naag</u>helshèère f
<u>forchetta</u> Gabel <u>gaa</u>-bel f
forma Form f
<u>formaggio</u> Käse <u>kèè</u>-se m
forse vielleicht fi-<u>laicht</u>
fortuna Glück n
foto <u>Fo</u>to n

fotografare fotografieren
fotogra-<u>fii</u>-ren
fotografo Fotogeschäft
<u>fo</u>-toghéshèft n
<u>macchina fotografica</u>
<u>Fo</u>toapparat m
fra zwischen <u>tsvi</u>-shen
<u>fragola</u> <u>Erd</u>beere f
francobollo <u>Brief</u>marke f
fratello Bruder <u>bruu</u>-der m
freno <u>Brem</u>se f
fretta Eile <u>ai</u>-le f
frittata <u>O</u>melett n
<u>frontiera</u> Grenze <u>grén</u>-tse f
<u>frutta</u> Obst n
fumare <u>rau</u>chen
fungo Pilz pilts m
funivia Seilbahn <u>sail</u>-baan f
funzionare funktio<u>nie</u>ren
fuoco Feuer <u>foi</u>-er n
furto Diebstahl <u>diib</u>-staal m
G
gamba Bein bain n
garage Garage ga-<u>ra</u>-shé f
gatto Katze f, Kater m
<u>gelateria</u> Eisdiele
<u>ais</u>-diilé f
<u>gelato</u> <u>Spei</u>seeis n
genitori <u>El</u>tern
gennaio Januar <u>ia</u>nuaar m
gente Leute <u>loi</u>-te pl
<u>gentile</u> freundlich <u>froind</u>-lich
Germania <u>Deutsch</u>land
<u>ghiaccio</u> Eis ais n
<u>già</u> schon shoon

giacca Jacke ia-ké f
giardino Garten m
giocare spielen spii-len
gioco Spiel spiiel n
gioelliere Juwellier
iuve-liir m
giornale Zeitung
tsai-tungk f
giorno Tag taag m
~ feriale Werktag m
~ festivo Feiertag m
giovedì Donnerstag m
giugno Juni iuu-ni m
giro Rundfahrt -faart f
giusto richtig rich-tigk
goccia Tropfen m
golf Golfspiel -shpiil n
campo da ~ Golfplatz m
gomma Reifen rai-fen m
~ a terra Reifenpanne f
gonna Rock m
grado Grad graad n
grammo Gramm n
grasso fett
griglia Grill m
gruppo Gruppe f
guadagnare gewinnen
guanto Handschuh m
guardare betrachten
guardaroba Garderobe f
guida Führer füü-rer m
~ turistica Reiseführer m
~ alpina Bergführer m
H
handicappato behindert

I
ieri gestern ghés-tern
imbarcadero Anlegestelle f
immersione Tauchen n
impermeabile Regenmantel
importante wichtig vich-tigk
importo Betrag bé-traagk m
incidente Unfall m
inclusivo einschließlich
incontrare treffen trè-fen
incrocio Kreuzung –tsungk f
indirizzo Adresse a-drè-se f
infermiera Krankenschwester
infezione Infektion –tsioon f
informazione Information
informa-tsioon f
ingresso Eintrittspreis
ain-tritsprais m
inizio Beginn bé-ghin m
insalata Salat sa-laat m
insetto Insekt in-sèkt n
puntura d'insetto
Insektenstich m
interessare interessieren
interno innere(r,s)
interprete Dolmetscher
dol-mètsher m
invece statt
inverno Winter vin-ter m
inviare schicken shi-ken
invitare einladen ain-laaden
iscriversi sich anmelden
isola Insel f
Italia Italien
italiano(a) Italiener(in

80

L

là dort
labbro Lippe f
lago See m
lampadina Glühbirne f
lasciare lassen
lassativo Abführmittel n
latte Milch f
lattina Dose doo-se f
lavandino Waschbecken n
lavare waschen va-shen
lavorare arbeiten ar-baiten
leggere lesen lèè-sen
lenzuolo Betttuch n
lettera Buchstabe m
buca delle lettere
Briefkasten m
letto Bett bét n
libbra Pfund n
libreria Buchhandllung f
libro Buch buuch n
limonata Zitronenlimonade f
limone Zitrone tsi-troo-ne f
liquido flüssig flü-sigk
liquore Likör li-köör m
lista Liste f
litro Liter m
livello dell'olio
Ölstand m
luce Licht n
luglio Juli iuu-li m
luna Mond moond m
lunedì Montag m
luogo Ort m
avere luogo stattfinden

M

macchina Auto n
macelleria Metzgerei f
madre Mutter f
magazzino Kaufhaus n
maggio Mai m
maiale Schweinefleisch n
malato krank
malattia Krankheit f
mancare fehlen fèè-len
mangiare essen
mano Hand h'and f
mare Meer méér n
marito Ehemann m
marmellata Marmelade f
martedì Dienstag m
marzo März mèrts m
materassino Luftmatratze f
materasso Matratze f
materiale Material n
mattina Morgen mor-ghen m
meccanico Mechaniker m
medicina Medikament n
medio mittlere(r,s)
mela Apfel m
meno weniger vé-nighèer
menù Speisekarte f
meraviglioso wunderbar
vun-derbaar
mercato Markt m
~ delle pulci Flohmarkt m
mercoledì Mittwoch m
mese Monat moo-nat
messaggio Nachricht f
metà Hälfte hèlf-té f

metro U-Bahn f
mettere stellen shté-len
mezzanotte Mitternacht f
mezzo halb h'alb
mezzogiorno Mittag m
minigolf Minigolf n
minuto Minute mi-nuu-te f
misurare messen
moda Mode moo-de f
momento Moment m
monastero Kloster
kloo-ster n
moneta Münze mün-tse f
montagna Gebirge n
mordere beißen bais-sen
mostrare zeigen tsai-ghen
motore Motor moo-tor m
motocicletta Motorrad n
motoscafo Motorboot n
municipio Rathaus n
muovere bewegen véé-ghen
muro Mauer f
muscolo Muskel m
museo Museum n
musica Musik f
mutua
Krankenkasse f

N
nascita Geburt f
naso Nase naa-se f
nave Schiff shif n
nazionalità Nationalität
natsionali-tèèt f
nebbia Nebel nèè-bel m
necessario nötig nöö-tigk
negozio Laden laa-den m

neve Schnee shnéé m
noce (Wal)nuss f
noleggiare mieten mii-ten
noleggio Vermietung f
nome Name
naa-me m
non nicht, kein kain
nord Norden m
notte Nacht f
novembre
November m
nuca Nacken m
numero Zahl tsaal f
nuotare schwimmen
nuvola Wolke vol-ke f

O
occhiali Brille f
occhio Auge au-ghe n
occupare besetzen
officina (per macchine)
Werkstatt f
offrire anbieten an-biiten
oggi heute hoi-te
ogni jede(r, s) iee-de
olio Öl ööl n
ombra Schatten sha-ten m
ombrello (Regen)schirm m
ombrellone Sonnenschirm m
opera Oper f
operazione Operation f
opposto gegenüberliegend
opuscolo Broschüre f
ora Stunde shtun-de f
orario (Fahr)plan m
orario di apertura
Öffnungszeit f

82

ordinare bestellen bé-shté-len
orecchio Ohr oor n
orologio Uhr uur f
ospedale Hospital n
ostello della gioventù
Jugendherberge f
ottico Optiker m
ottobre Oktober ok-too-ber m
P
padre Vater faa-ter m
paese Land n
pagare zahlen tsaa-len
paio Paar n
palazzo Palast pa-last m
pane Brot broot n
panetteria Bäckerei bèkerai f
panino Brötchen bröötchen n
panna Sahne saa-ne f
pantaloni Hose h'oo-se f
parapendio Gleitschirm
gklait-shirm m
parcheggiare parken
parcheggio Parkplatz m
parchimetro Parkuhr
park-uur f
parco Park m
parlare sprechen shprè-chen
parola Wort vort n
parte Teil tail m
partenza Abreise ab-raise f
partire abreisen ab-raisen
parrucchiere Frisör
fri-söör m
Pasqua Ostern oo-stern n
passaporto Pass m

pasta Teigwaren f Pl
pasticceria Konditorei f
pasto Essen n
patata Kartoffel f
patente Führerschein
füü-rershain m
pattinaggio Eislaufen
ais-laufen n
pazienza Geduld ghé-duld f
paziente Patient m
pedaggio Maut f
pedalò Tretboot trèèt-boot n
pediatra Kinderarzt
kin-derartst m
pedone Fußgänger m
pelle Haut h'aut f
pelletteria Ledergeschäft n
pellicola Film m
~ a colori Farbfilm m
pensare denken
pensione Pension f
~ completa Vollpension f
mezza ~ Halbpension f
pepe Pfeffer m
percento Prozent pro-tsent n
perdere verlieren fer-lii-ren
pericolo Gefahr ghé-faar f
pericoloso gefährlich
ghé-fèèr-lich
permettere erlauben
persona Person per-soon f
pesca Fischfang fish-fangk m
pescare angeln an-gheln
pesce Fisch fish m
pettine Kamm m

pezzo Stück n
piacere gefallen ghé-fal-en
piacevole angenehm ghé
piano Stockwerk n
pianta Planze pflan-tse f
~ della città Stadtplan m
piatto Gericht ghé-richt n
piazza Platz plats m
piccante scharf sharf
piede Fuß fuuss m
pieno voll fol
pila Batterie bate-rii f
pillola Pille f
ping-pong Tischtennis n
pioggia Regen rèè-ghen m
piombo Blei blai n
piovere regnen règk-nen
pista di fondo   Loipe
loi-pe f
pittore Maler maa-ler m
pittura Malerei f
più mehr méér
polizia Poizei poli-tsai f
pollo Hähnchen h'èèn-chen **n**
pomeriggio Nachmittag m
pomodoro Tomate to-maaté **f**
ponte Brücke f
porta Tür tüür f
portacenere Aschenbecher **m**
portafoglio Brieftasche f
portare tragen traa-ghen
~ via mitnehmen
Portiere Portier por-tié m
porto Hafen h'aa-fen m
porzione Portion por-tsion **f**

possibile möglich möögk
posta Postamt n
potere können
pranzo Mittagessen n
preferire vorziehen
prefisso (Tel) Vorwahl f
pregare bitten
premere drücken
prendere nehmen néé-men
prenotare reservieren
prenotazione Reservierung f
presentare vorstellen
presto bald
prezzo Preis prais m
privato privat pri-vaat
procurare besorgen sor-ghen
professione Beruf bé-ruuf **m**
profumo Parfüm par-füüm **n**
programma Programm n
pronto fertig fèr-tigk
pronunciare aussprechen
aus-shprè-chen
prosciutto Schinken m
prossimo nächste(r,s)
provare anprobieren
publicità Werbung f
pulire reinigen rai-nighen
pulito sauber
puntuale pünktlich
puro rein rain
purtroppo leider
lai-der
Q
quadro Bild n
qualcosa etwas

84

qualcuno jemand iéé-mand
quantità Menge mén-ghe f
quarto Viertel fiir-tel n
quello(a) jene(r,s) iéé-ne
questo(a) diese(r,s) dii-se
R
raccomandare empfehlen
em-pfèè-len
radiografia Röntgenbild n
ragazzo Junge iun-ghe m
raggiungere erreichen -rai
rasoio Rasierapparat m
reclamo Reklamation f
regalo Geschenk n
regione Region réghi-oon f
registrare eintragen -traaghen
religione Religion rélighioonf
respirare atmen aat-men
ricetta Rezept
ré-tsèpt n
ricevere bekommen
ricevuta Quittung kvi-tungk f
ricezione Rezeption
rétsèp-tsioon f
riduzione Preisermäßigung f
ringraziare danken
riparare reparieren -riiren
riparazione Reparatur f
ripetere wiederholen h'oolen
riscaldamento Heizung f
riso Reis rais m
rispondere antworten
ristorante Restaurant
résto-rant n
ritardo Verspätung f
f

ritorno Rückkehr f
rivedere wieder sehen
rompere brechen
rossetto Lippenstift m
rosso rot root
rotondo rund
rotto kaputt
roulotte Wohnwagen m
rubare stehlen shtèè-len
rubinetto Wasserhahn
rumoroso laut
S
sabato Samstag m
sabbia Sand m
sacchetto Tüte tüü-te f
saldi Schlussverkauf m
sale Salz salts n
salire steigen shtai-ghen
salmone Lachs laks m
salsa Soβe soo-sse f
salsiccia Wurst f
salutare grüßen grü-ssen
salute! Gesundheit! f
saluto Gruß m
salvagente
Rettungsring m
sangue Blut bluut n
sanguinare bluten bluu-ten
sapere wissen
sapone Seife sai-fe f
scala Treppe trè pe f
~ mobile Rolltreppe f
scaloppina Schnitzel n
scarpa Schuh shuu m
scatola Schachtel shach-tel

85

scendere aussteigen
schiena Rücken m
sci di fondo
Langlauf m
sciare Ski fahren faa-ren
sciarpa Schal shaal m
sciovia Skilift m
scompartimento Abteil n
sconto Rabatt m
scopa Besen béé-sen m
scrivere schreiben shrai-ben
scultore Bildhauer m
scultura Bildhauerei f
scusare entschuldigen
sdraio Liegestul liighestuul m
secchio Eimer ai-mer m
secolo Jahrhundert n
sedia Stuhl shtuul m
seguire folgen fol-ghen
seggiovia Sessellift m
sempre immer
senso unico Einbahnstraße f
sentire (udire) hören h'öö-ren
separato getrennt
sera Abend aa-bend m
servire bedienen be-dii-nen
servizio Bedienung f
sete Durst m
settembre September m
settimana Woche f
sguardo Blick m
significare bedeuten doi-ten
signora Frau f
signore Herr h'èr m
sillabare buchstabieren

soggiorno Aufenthalt m
sole Sonne f
solo allein a-lain
soltanto nur nuur
sorella Schwester shvé-ster f
sorpresa Überraschung f
specchio Spiegel spii-ghel m
spendere ausgeben -ghèèben
spesso oft
spezia Gewürz ghé-vürts n
spiaggia Strand m
spiedo Bratspieß m
spiegare erklären er-klèè-ren
splendido prächtig prächtigk
sporco schmutzig shmutsigk
sposato verheiratet
squadra Team n
stagione Jahreszeit -tsait f
alta ~ Hochsaison -sèsoo
stanco müde müü-de
stare stehen shtéé-h'en
stazione Bahnhof m
~ di servizio Tankstelle f
stesso gleich gklaich
stile Stil stiil m
stirare bügeln büü-gheln
stomaco Magen maa-ghen m
storia Geschichte ghéshichte f
strada Straße straa-sse f
stretto eng éngk
stupido dumm
subito sofort
successo Erfolg èr-folgk m
succo Saft m
~ di frutta Fruchtsaft m

86

sud Süden süü-den m

suo(a) di lui sein/e,di lei ihr/e
di cosa sein/e

suonare spielen shpii-len

supermercato
Supermarkt m

svegliare wecken vé-ken

svendita Sonderverkauf m

Svizzera Schweiz shvaits f

T

tabacco Tabak m

taglia (misura) Größe f

tagliare schneiden shnai-den

tardi spät shpèèt

tasca Tasche f

tassa Gebühr ghé-büür f

tavolo Tisch tish m

tazza Tasse f

tè Tee téé m

teatro Theater té-aa-ter n

tedesco deutsch doitsh

telefonare telefonieren

telefonata Anruf an-ruuf m

telefonino Handy n

telefono Telefon
té-léfoon n

elenco telefonico
Telefonbuch téléfoonbuuch n

televisione
Fernsehen fèrn-sèè-h'en n

temperatura
Temperatur tempera-tuur f

tempo Zeit tsait f
weather Wetter n

temporale Gewitter ghevitern

tenda Zelt tsèlt n

tenere halten h'al-ten

terminale Terminal n

terminare beenden

termometro
Thermometer n

terrazza Terrasse f

terzo dritte

tessuto Stoff m

testa Kopf m

tirare ziehen tsii-h'en

toccare berühren

toilette Toilette f
toa-lè-te f

tornare zurückkehren

torre Turm m

torta Torte f

tovaglia
Tischdecke tish-déke f

tovagliolo Serviette f

tra zwischen tsvi-shen

traduzione Übersetzung
müber-séts-ungk

traffico Verkehr fèrkéér m

traghetto Fähre fèè-re f

tram Straßenbahn f

tranquillo ruhig ruu-h'igk

trasporto Transport m

traversare überqueren

treno Zug tsuugk m

~ rapido Schnellzug m

troppo zu tsu

trovare finden

tuo tua dein/e

tuono Donner m

87

turismo Tourismus m
tutto ganz gants
U
uccello Vogel foo-ghel m
ufficio Büro n
~ oggetti smarriti
Fundbüro n
~ turistico
Fremdenverkehrsamt n
ultimo letzte(r,s) léts-te
unghia Fingernagel m
forbicina per unghie
Nagelschere naaghelshèère f
uomo Mann m
uovo Ei ai n
urgente dringend drin-ghend
usare benutzen be-nuts-en
uscire ausgehen aus-ghéh'en
uscita Ausgang m
~ di emergenza
Notausgang m
uva Trauben Pl f
V
vacanza Urlaub uur-laub m
vagone letto Schlafwagen m
~ ristorante Speisewagen
spai-sevaaghen m
valido gültig gül-tigk
valigia Koffer m
valle Tal taal n
vaniglia Vanille f
vecchio alt
vedere sehen sèè-h'en
velocità Geschwindigkeit f
venire kommen

vendere verkaufen
ventilatore Ventilator m
vento Wind vind m
verdura Gemüse ghémüüse n
vero wahr vaar
versare (denaro) einzahlen
vestito Kleid n (donna)
vetrina Schaufenster n
vetro Glas gklaas n
via Weg vèègk m
per via aerea Luftpost f
viaggiare reisen rai-sen
viaggio Reise rai-se f
vicino nah naa
vietare verbieten
vietato verboten fèrbooten
villaggio Dorf n
vino Wein vain m
visita Besichtigung f
visitare besichtigen -tighen
vista (veduta) Aussicht f
vita Leben lèè-ben n
vitello (GASTR) Kalbfleisch
vivere leben lèè-ben
volentieri ! gern ghèrn
volere wollen vo-len
volo Flug fluugk m
volta Mal maal n
voltaggio Spannung f
vuoto leer lèèr
Z
zaino Rucksack ruk-sak m
zanzara Stechmücke f
zucchero Zuckert tsu-ker m
zuppa Suppe f

88